Ein Benutzerhandbuch für Tecno Pova 6 Pro

Ein Ultimativer Leitfaden, um das volle Potenzial Ihres Geräts Auszuschöpfen

William C. Wills

© 2024 von William C. Wills. *Alle Rechte vorbehalten. Kein Teil dieser Veröffentlichung darf ohne die vorherige schriftliche Genehmigung des Herausgebers in irgendeiner Form oder mit irgendwelchen Mitteln, einschließlich Fotokopie, Aufzeichnung oder anderen elektronischen oder mechanischen Methoden, reproduziert, verbreitet oder übertragen werden, außer im Fall kurzer Zitate in kritischen Rezensionen und bestimmten anderen nichtkommerziellen Nutzungen, die durch das Urheberrecht zulässig sind.*

Inhalt

Einführung **4**
    Übersicht über den Tecno Pova 6 Pro 4
    Zweck dieses Benutzerhandbuchs 9

Erste Schritte **13**
    Auspacken und Ersteinrichtung 13
    Navigieren in der Benutzeroberfläche 17
    Anpassen der Einstellungen 23

Hardware Funktionen **30**
    Entdecken Sie das Design des Pova 6 Pro 30
    Beherrschen der Display- und
    Touch-Steuerung 36
    Nutzung des leistungsstarken Prozessors 42

Software-Grundlagen **48**
    Übersicht über das Android-Betriebssystem 48
    Vorinstallierte Apps und ihre Funktionen 53
    Verwalten von Benachrichtigungen und
    Berechtigungen 59

Kamera und Multimedia **65**
    Aufnehmen Atemberaubender Fotos und
    Videos 65
    Bearbeiten von Bildern mit der
    Kamera-App von Tecno 70
    Genießen Sie Musik, Videos und Spiele 75

Konnektivität und Vernetzung..........82
   Wi-Fi, Bluetooth und mobile Daten............ 82
   Einrichten von Hotspots und Tethering.........86
   Fehlerbehebung bei
   Verbindungsproblemen.................... 90

Akkulaufzeit und Optimierung...............97
   Maximierung der Batterieleistung...............97
   Tipps für effizientes Laden................102
   Techniken zum Batterie Sparen..................106

Erweiterte Funktionen......................... 113
   Multitasking und Split-Screen-Modus......... 113
   Sicherheits- und Datenschutzeinstellungen. 117
   Verborgene Funktionen freischalten........... 123

Fehlerbehebung und Support................127
   Häufige Probleme und Lösungen............127
   Kontaktaufnahme mit dem Kundendienst.. 133
   Garantieinformationen........................ 138

Abschluss........................ 142

Anhang............................144
   Glossar der Begriffe........................144
   Häufig Gestellte Fragen.....................148

Über den Autor........................ 153

Einführung

Übersicht über den Tecno Pova 6 Pro

Das Tecno Pova 6 Pro ist ein überzeugender Konkurrent im Mittelklasse-Smartphone-Markt. Es bietet robuste Leistung, innovatives Design und eine lange Akkulaufzeit. Dieses Gerät Versorgt ZuTechnik Enthusiasten und die Bedürfnisse alltäglicher Benutzer Und bietet ein nahtloses und umfassendes Benutzererlebnis. Lassen Sie uns die wichtigsten Aspekte erkunden, die das Tecno Pova 6 Pro auszeichnen.

Designen und Bauen

Das Tecno Pova 6 Pro zeichnet sich durch ein schlankes und futuristisches Design aus, das sich durch sein schlankes Profil und seine leichte Bauweise auszeichnet. Das Gerät misst

165,5 x 76,1 x 7,9 mm und wiegt etwa 198g, sodass es bequem zu halten und zu verwenden ist. Es verfügt über eine Glasfront, eine Kunststoff Rückseite und einen Rahmen in Kombination mit der Schutzart IP53 für Staub- und Spritzwasserschutz, was Haltbarkeit und Schutz vor alltäglichen Elementen gewährleistet.

Eines der markantesten Designelemente des Tecno Pova 6 Pro ist seine Rückseite, die mit fortschrittlichen Fotolithographietechniken gefertigt wird. Durch diesen Prozess entstehen komplizierte Muster, die die Ästhetik verbessern undbietet eine einzigartige Textur, die an ein Motherboard erinnert. Darüber hinaus verfügt das Gerät über 200 LEDs und bietet ein anpassbares Beleuchtungserlebnis mit mehr als 100 Optionen, die dem Gerät Persönlichkeit und Flair verleihen.

Anzeige

Das Tecno Pova 6 Pro verfügt über ein 6,78 Zoll großes AMOLED-Display, das eine Auflösung von 1080 x 2436 Pixel und eine hohe

Bildwiederholfrequenz von 120 Hz bietet. Dieses Display liefert lebendige Farben, tiefes Schwarz und flüssige Bewegungen und verbessert so das visuelle Erlebnis beim Spielen, Streamen und Surfen. Mit einer Spitzenhelligkeit von 1300 Nits bleibt der Bildschirm auch bei hellen Außenbedingungen gut lesbar.

Leistung
Unter der Haube wird das Tecno Pova 6 Pro vom MediaTek Dimensity 6080-Chipsatz angetrieben, einem Octa-Core-Prozessor, der für eine reibungslose und effiziente Leistung bei verschiedenen Anwendungen sorgt. Das Gerät ist in Konfigurationen mit bis zu 24 GB RAM und 256 GB internem Speicher erhältlich und bietet ausreichend Platz für Multitasking und die Speicherung von Mediendateien. Es unterstützt außerdem erweiterbaren Speicher über einen dedizierten microSDXC-Steckplatz und bietet so Flexibilität für Benutzer, die zusätzlichen Platz benötigen.

Kamera

Das Tecno Pova 6 Pro verfügt über ein vielseitiges Kamera-Setup, einschließlich eines 108-MP-Haupt Sensors, eines 2-MP-Tiefen Sensors und eines 0.08-MB-Hilfs Objektivs für die Aufnahme detaillierter und lebendiger Fotos. Das Gerät verfügt außerdem über eine 32-MP-Frontkamera, die hochwertige Selfies und Videoanrufe gewährleistet. Dank der Unterstützung für 1440p-Videoaufnahmen mit 30 Bildern pro Sekunde von der Rückkamera und 1200p mit 30 Bildern pro Sekunde von der Frontkamera können Benutzer unvergessliche Momente klar und stabil festhalten.

Akku und Aufladen

Eines der herausragenden Merkmale des Tecno Pova 6 Pro ist sein riesiger 6000-mAh-Akku, gepaart mit einem 70-W-Schnellladegerät. Diese Kombination bietet Benutzern eine längere Akkulaufzeit und Schnellladefunktionen und stellt sicher, dass das Gerät immer einsatzbereit ist. Das Telefon unterstützt außerdem das umgekehrte kabelgebundene Laden mit 10 W und bietet so zusätzlichen

Komfort für Benutzer, die unterwegs andere Geräte aufladen müssen.

Konnektivität und zusätzliche Funktionen

Das Tecno Pova 6 Pro bietet eine umfassende Suite an Konnektivitätsoptionen, darunter 5G-Unterstützung, Dual-SIM-Fähigkeit, Wi-Fi 5, Bluetooth 5.3, NFC, UKW-Radio und einen Infrarotanschluss. Es verfügt außerdem über eine 3,5-mm-Kopfhörerbuchse und richtet sich an Benutzer, die kabelgebundene Audiolösungen bevorzugen. Das Gerät verfügt über einen Fingerabdruckleser (unter dem Display, optisch) und Stereolautsprecher, was die Sicherheit und Audioqualität verbessert.

Das Tecno Pova 6 Pro ist ein Beweis für das Engagement von Tecno, hochwertige Smartphones mit vielen Funktionen zu einem erschwinglichen Preis anzubieten. Mit seinem auffälligen Design, der leistungsstarken Leistung, dem vielseitigen Kamerasystem und dem langlebigen Akku ist das Tecno Pova 6 Pro bereit, die Anforderungen einer Vielzahl von

Benutzern zu erfüllen, von Gamern und Content-Erstellern bis hin zu alltäglichen Smartphone-Benutzern, die ein zuverlässiges und stilvolles Gerät suchen Gerät.

Zweck dieses Benutzerhandbuchs

Das Hauptziel dieses Benutzerhandbuchs besteht darin, Tecno Pova 6 Pro-Benutzer zu unterstützen, indem ihnen eine umfassende Ressource zur Verfügung gestellt wird, die das volle Potenzial ihres Geräts freisetzt. Dieses Handbuch wurde sorgfältig zusammengestellt, um sowohl neue als auch erfahrene Smartphone-Benutzer anzusprechen und sicherzustellen, dass jeder von den erweiterten Funktionen und Fähigkeiten des Tecno Pova 6 Pro profitieren kann. Im Folgenden sind die wichtigsten Ziele aufgeführt, die mit diesem Leitfaden erreicht werden sollen:

Erleichtern Sie die einfache Einrichtung und Konfiguration

Für neue Benutzer kann die Einrichtung eines Smartphones eine entmutigende Aufgabe sein. Diese Anleitung soll den Prozess vereinfachen, indem sie Schritt-für-Schritt-Anleitungen für die ersten Schritte mit dem Tecno Pova 6 Pro bietet. Vom Einlegen der SIM-Karte bis zur Konfiguration der Grundeinstellungen decken wir alles Wesentliche ab, um eine reibungslose und problemlose Einrichtung zu gewährleisten.

Verbessern Sie die Benutzererfahrung

Das Tecno Pova 6 Pro ist vollgepackt mit Funktionen, die das Benutzererlebnis verbessern sollen. Dieser Leitfaden hilft Benutzern, diese Funktionen optimal zu nutzen. Egal, ob Sie die Anzeigeeinstellungen anpassen, die Akkulaufzeit optimieren oder die Funktionen der Kamera erkunden – wir bieten detaillierte Einblicke und Tipps, um das gesamte Benutzererlebnis zu verbessern.

Maximieren Sie Produktivität und Unterhaltung

In diesem Leitfaden werden die verschiedenen Produktivitätstools und Unterhaltungsoptionen des Tecno Pova 6 Pro erläutert. Benutzer erfahren, wie sie ihre Aufgaben effizient verwalten, organisiert bleiben und ihre

Lieblingsmedieninhalte genießen können. Von der Nutzung der leistungsstarken Leistung des Geräts zum Spielen bis hin zur Nutzung des großen Displays zum Streamen bieten wir Anleitungen, wie Sie das Smartphone sowohl zum Arbeiten als auch zum Spielen optimal nutzen können.

Beheben Sie häufige Probleme
Probleme bei der Nutzung eines Smartphones sind unvermeidlich. Dieses Benutzerhandbuch enthält einen Abschnitt zur Fehlerbehebung, der sich mit häufigen Problemen befasst, die bei Benutzern mit dem Tecno Pova 6 Pro auftreten können. Unser Ziel ist es, Störungen zu minimieren und ein nahtloses Benutzererlebnis zu gewährleisten, indem wir Lösungen und Workarounds bereitstellen.

Foster, eine Gemeinschaft informierter Benutzer
Letztendlich ist dieser Leitfaden eine Plattform zur Förderung einer Community informierter und kompetenter Tecno Pova 6 Pro-Benutzer. Durch den Austausch von Wissen und

Erkenntnissen ermutigen wir Benutzer, die Funktionen ihres Geräts zu erkunden, mit neuen Funktionen zu experimentieren und ihre Erfahrungen auszutauschen. Dieser kollaborative Ansatz bereichert die Benutzergemeinschaft und trägt zu einem lohnenderen Smartphone-Erlebnis bei.

Dieses Benutzerhandbuch ist ein unverzichtbarer Begleiter für alle, die das volle Potenzial ihres Tecno Pova 6 Pro ausschöpfen möchten. Unser Ziel ist es, das Benutzererlebnis zu verbessern, die Produktivität zu steigern und eine lebendige Tecno Pova 6 Pro-Enthusiasten-Community zu schaffen, indem wir detaillierte Anleitungen, praktische Tipps und Lösungen für häufige Probleme anbieten.

Erste Schritte

Auspacken und Ersteinrichtung

Das Auspacken eines neuen Geräts ist immer aufregend, und das Tecno Pova 6 Pro bildet da keine Ausnahme. Dieser Abschnitt führt Sie durch den Auspackvorgang und die Ersteinrichtung Ihres Geräts und sorgt für einen reibungslosen Start Ihres Tecno Pova 6 Pro-Erlebnisses.

Was ist in der Box?

Beim Öffnen der Verpackung des Tecno Pova 6 Pro finden Sie die folgenden Artikel:

- Tecno Pova 6 Pro Smartphone
- 70-W-Schnellladegerät
- USB-Typ-C-Kabel
- Schutzhülle
- SIM-Auswurfwerkzeug
- Schnellstartanleitung

- Garantiekarte

Es ist ratsam, zu überprüfen, ob alle diese Artikel vorhanden und in gutem Zustand sind. Dass Tecno eine Schutzhülle mitgeliefert hat, ist durchdacht und bietet sofortigen Schutz für Ihr neues Gerät.

Vorbereiten Ihres Geräts
Es empfiehlt sich, vor dem Einschalten Ihres Tecno Pova 6 Pro Ihre SIM-Karte einzulegen. Verwenden Sie das mitgelieferte SIM-Auswurfwerkzeug, um das SIM-Fach vorsichtig zu öffnen. Legen Sie Ihre SIM-Karte vorsichtig in das Fach ein und setzen Sie sie erneut in das Gerät ein. Wenn Sie planen, Ihren Speicher zu erweitern, ist dies auch der perfekte Zeitpunkt, eine microSD-Karte in den dafür vorgesehenen Steckplatz einzusetzen.

Einschalten und Erstkonfiguration
Um Ihr Tecno Pova 6 Pro einzuschalten, halten Sie den Netzschalter an der Seite des Geräts gedrückt. Der erste Start kann einige Augenblicke dauern. Sobald das Gerät eingeschaltet ist, werden Sie von einem

Einrichtungsassistenten begrüßt, der Sie durch den Erstkonfigurationsprozess führt, einschließlich:

- **Sprachauswahl:** Wählen Sie die Sprache aus, die Sie für die Benutzeroberfläche Ihres Geräts bevorzugen.
- **WLAN-Einrichtung:** Stellen Sie eine Verbindung zu einem Wi-Fi-Netzwerk her, um den Internetzugang zu ermöglichen. Dieser Schritt ist entscheidend für das Herunterladen von Updates und die Anmeldung bei Ihren Konten.
- **Einrichtung eines Google-Kontos:** Melden Sie sich mit Ihrem Google-Konto an oder erstellen Sie ein neues. Dieses Konto ist für den Zugriff auf Google-Dienste, einschließlich Play Store, Gmail und mehr, unerlässlich.
- **Sicherheitseinrichtung:** Konfigurieren Sie Sicherheitseinstellungen wie eine PIN, ein Passwort oder eine

Fingerabdruckerkennung, um Ihr Gerät und Ihre persönlichen Daten zu schützen.

- **Zusätzliche Einstellungen:** Der Einrichtungsassistent führt Sie möglicherweise auch durch zusätzliche Einstellungen wie Datum und Uhrzeit, Datenimport von einem alten Gerät und personalisierte Empfehlungen.

Software-Aktualisierung

Sobald die Ersteinrichtung abgeschlossen ist, sollten Sie nach Software-Updates suchen. Tecno veröffentlicht regelmäßig Updates, um die Leistung zu verbessern, neue Funktionen hinzuzufügen und die Sicherheit zu erhöhen. Um nach Updates zu suchen, gehen Sie zu Einstellungen > System > Systemupdate. Wenn ein Update verfügbar ist, befolgen Sie die Anweisungen auf dem Bildschirm, um es herunterzuladen und zu installieren.

Erkunden Sie Ihr Gerät

Nehmen Sie sich nach Abschluss der Einrichtung etwas Zeit, um Ihr Tecno Pova 6 Pro zu erkunden. Machen Sie sich mit der

Benutzeroberfläche, vorinstallierten Apps und verschiedenen Einstellungen vertraut. Passen Sie Ihr Gerät nach Ihren Wünschen an, z. B. durch Ändern des Hintergrundbilds, Anpassen der Anzeigeeinstellungen und Organisieren von Apps.

Glückwunsch! Sie haben Ihr Tecno Pova 6 Pro erfolgreich ausgepackt und eingerichtet und können nun die unzähligen Funktionen und Fähigkeiten dieses leistungsstarken Geräts genießen.

Navigieren in der Benutzeroberfläche

Das Tecno Pova 6 Pro läuft unter HiOS und die angepasste Benutzeroberfläche von Tecno basiert auf dem Android-Betriebssystem. HiOS wurde entwickelt, um das Benutzererlebnis durch zusätzliche Funktionen und eine einzigartige Ästhetik zu verbessern. Dieser Abschnitt führt Sie durch die Grundlagen der Navigation auf der Benutzeroberfläche Ihres Tecno Pova 6 Pro und hilft Ihnen, sich mit dem

Layout und der Funktionalität vertraut zu machen.

Startbildschirm

Der Startbildschirm ist der zentrale Mittelpunkt Ihres Geräts und bietet schnellen Zugriff auf Apps, Widgets und Verknüpfungen. Folgendes können Sie erwarten:

- **App-Symbole:** Dies sind Verknüpfungen zu Ihren Anwendungen. Sie können auf ein Symbol tippen, um die entsprechende App zu öffnen.
- **Widgets:** Diese interaktiven Elemente zeigen Live-Informationen an oder ermöglichen einen schnellen Zugriff auf Systemfunktionen. Sie können Widgets hinzufügen, indem Sie auf eine Stelle auf dem Startbildschirm tippen und diese gedrückt halten und „Widgets" auswählen.
- **Suchleiste:** Die Suchleiste befindet sich normalerweise oben auf dem Startbildschirm und ermöglicht Ihnen

eine schnelle Suche auf Ihrem Gerät oder im Internet.

- **Dock:** Das Dock befindet sich am unteren Rand des Startbildschirms, wo Sie Ihre am häufigsten verwendeten Apps für einen einfachen Zugriff platzieren können.

Navigationsleiste und Gesten

Am unteren Bildschirmrand finden Sie die Navigationsleiste, die Schaltflächen zur Navigation auf dem Gerät enthält:

- **Zurück-Button:** Tippen Sie hier, um zum vorherigen Bildschirm zurückzukehren.
- **Home "Button":** Durch Drücken dieser Taste kehren Sie von jeder Anwendung zum Startbildschirm zurück.
- **Schaltfläche „Letzte Apps":** Dadurch wird Ihnen eine Liste der zuletzt verwendeten Apps angezeigt, sodass Sie schnell zwischen ihnen wechseln können.

Wenn Sie einen moderneren Ansatz bevorzugen, können Sie alternativ in den

Einstellungen Navigationsgesten aktivieren, mit denen Sie Ihr Gerät durch Wischen statt durch Tippen steuern können.

Benachrichtigung Schatten und Schnelleinstellungen

Durch Wischen vom oberen Bildschirmrand nach unten können Sie auf den Benachrichtigungsschatten und die Schnelleinstellungen zugreifen:

- **Benachrichtigung Schirm:** Hier sehen Sie Benachrichtigungen von Apps, Anrufen, Nachrichten und Systembenachrichtigungen. Sie können Benachrichtigungen löschen, indem Sie sie wegwischen oder auf die Schaltfläche „Löschen" tippen.

- **Schnelleinstellungen:** Oben in der Benachrichtigungsleiste stehen Schalter für häufig verwendete Einstellungen wie WLAN, Bluetooth und Taschenlampe zur Verfügung. Sie können anpassen, welche Einstellungen hier angezeigt werden, indem Sie auf das Bearbeiten Symbol tippen.

Einstellungsmenü

Für detailliertere Anpassungen und Konfigurationen verwenden Sie das Einstellungsmenü. Greifen Sie darauf zu, indem Sie auf dem Startbildschirm oder im Schnelleinstellung Feld auf das Zahnrad Symbol tippen. Das Menü ist unterteilt in Konnektivität, Anzeige, Ton, Sicherheit und weitere Abschnitte.

App-Schublade

In der App-Schublade finden Sie alle auf Ihrem Gerät installierten Apps. Greifen Sie darauf zu, indem Sie vom unteren Rand des Startbildschirms nach oben wischen. Hier können Sie Ihre Apps alphabetisch durchsuchen, nach einer App suchen oder sie in Ordnern organisieren.

Multitasking und geteilter Bildschirm

Das Tecno Pova 6 Pro unterstützt Multitasking, sodass Sie mithilfe der Split-Screen-Funktion zwei Apps gleichzeitig ausführen können. Um es zu verwenden, öffnen Sie den Bildschirm „Letzte Apps", tippen Sie auf das App-Symbol oben in der Vorschau und wählen Sie „Geteilter Bildschirm". Wählen Sie dann eine andere App aus der Liste der zuletzt verwendeten Apps oder der App-Schublade aus, um die andere Hälfte des Bildschirms auszufüllen.

Tipps für eine effiziente Navigation

Passen Sie Ihren Startbildschirm an: Ordnen Sie Apps und Widgets entsprechend Ihren Vorlieben und Nutzungsmustern an.

- **Ordner verwenden:** Gruppieren Sie ähnliche Apps in Ordnern, um Ihren Startbildschirm organisiert und aufgeräumt zu halten.
- **Nutzen Sie Verknüpfungen:** Um Zeit zu sparen, erstellen Sie Verknüpfungen für häufig ausgeführte Aufgaben.
- **Entdecken Sie die HiOS-Funktionen:** HiOS umfasst zusätzliche Funktionen wie Smart Panels und Gestensteuerung, um Ihr Navigationserlebnis zu verbessern.

Indem Sie sich mit diesen Aspekten der Benutzeroberfläche des Tecno Pova 6 Pro vertraut machen, können Sie effizienter auf Ihrem Gerät navigieren und seine Funktionen voll ausschöpfen. Wenn Sie mit der Benutzeroberfläche vertrauter werden, werden Sie zusätzliche Funktionen und Einstellungen entdecken, die Ihr Erlebnis weiter personalisieren und verbessern können.

Anpassen der Einstellungen

Das Tecno Pova 6 Pro, powered by HiOS, bietet eine Vielzahl anpassbarer Einstellungen, sodass Benutzer ihre Geräte an ihre Vorlieben und Bedürfnisse anpassen können. Dieser Abschnitt führt Sie durch die wichtigsten Einstellungen, die Sie anpassen können, um Ihr Erlebnis mit dem Gerät zu optimieren.

Bildschirmeinstellungen

Das Display gehört zu den Komponenten Ihres Smartphones, mit denen am meisten interagiert wird, und die individuelle Anpassung kann Ihr Benutzererlebnis erheblich verbessern.

- **Helligkeit und Augenpflege:** Passen Sie die Helligkeit manuell an oder aktivieren Sie die adaptive Helligkeit, um sie automatisch an das Umgebungslicht anzupassen. Der Augenpflege Modus reduziert die Emission von blauem Licht, was dazu beitragen kann, die Belastung der Augen bei schlechten Lichtverhältnissen zu verringern.
- **Aktualisierungsrate:** Das Tecno Pova 6 Pro unterstützt eine hohe Bildwiederholfrequenz von bis zu 120 Hz. Sie können zwischen Standard- und hohen Bildwiederholraten wechseln, um eine gleichmäßige Darstellung und Akkulaufzeit zu gewährleisten.
- **Dunkler Modus:** Durch die Aktivierung des Dunkelmodus werden die Hintergründe des Systems und kompatibler Apps in dunkle Farben geändert, was die Belastung der Augen verringert und möglicherweise die Akkulaufzeit von AMOLED-Displays verlängert.

Klang und Vibration

Das Anpassen der Toneinstellungen kann Ihr Erlebnis beim Empfang von Anrufen, Benachrichtigungen oder beim Genießen von Medien verbessern.

- **Klingeltöne und Benachrichtigungstöne:** Wählen Sie verschiedene Töne für Klingeltöne, Benachrichtigungen und Alarme aus, um sie leicht unterscheiden zu können.
- **Lautstärkepegel:** Passen Sie die Lautstärke für Medien, Anrufe, Benachrichtigungen und Systemtöne unabhängig voneinander an.
- **Schwingungsintensität:** Passen Sie die Vibrationsintensität für Anrufe und Benachrichtigungen nach Ihren Wünschen an.

Sicherheit und Privatsphäre

Die Sicherung Ihres Geräts und die Verwaltung Ihrer Privatsphäre sind von entscheidender Bedeutung. Das Tecno Pova 6 Pro bietet mehrere Funktionen, die Ihnen beim Schutz Ihrer Daten helfen.

- **Bildschirmsperre:** Richten Sie eine PIN, ein Muster oder ein Passwort ein, um Ihr Gerät zu sichern. Für Komfort und Sicherheit können Sie auch die Fingerabdruckerkennung oder Gesichtsentsperrung einrichten.
- **App-Sperre:** Sichern Sie einzelne Apps mit einem Fingerabdruck, einer Gesichtserkennung oder einem Passwort, um vertrauliche Informationen zu schützen.
- **Datenschutzeinstellungen:** Überprüfen und verwalten Sie App-Berechtigungen und stellen Sie sicher, dass Apps nur auf die erforderlichen Daten zugreifen können.

Akku und Leistung

Durch die Optimierung Ihrer Akku- und Leistungseinstellungen können Sie das Beste aus Ihrem Tecno Pova 6 Pro herausholen.

- **Batteriesparmodus:** Aktivieren Sie den Energiesparmodus, um die Batterielebensdauer zu verlängern, indem Sie die Hintergrundaktivität begrenzen und den Stromverbrauch senken.
- **Leistungsmodus:** Wenn Sie mehr Leistung benötigen, beispielsweise für Spiele oder intensive Aufgaben, können Sie den Leistungsmodus aktivieren, um die Leistungsfähigkeit Ihres Geräts zu steigern.
- **App-Management:** Überprüfen und schließen oder deinstallieren Sie regelmäßig Apps, die Sie nicht mehr verwenden, um Ressourcen und Speicherplatz freizugeben.

Konnektivität

In Verbindung zu bleiben ist der Schlüssel; Das Anpassen Ihrer Konnektivitätseinstellungen kann Ihr Erlebnis verbessern.

- **WLAN und mobile Daten:** Verwalten Sie Ihre WLAN-Netzwerke und die

mobile Datennutzung. Sie können Datenlimits festlegen, bevorzugte Netzwerke auswählen und Hotspot-Einstellungen konfigurieren.
- **Bluetooth:** Passen Sie die Bluetooth-Einstellungen für die Verbindung mit Geräten und Zubehör an. Sie können Ihr Gerät umbenennen, um es einfacher zu identifizieren und gekoppelte Geräte zu verwalten.

Personalisierung

Durch die Personalisierung Ihres Tecno Pova 6 Pro wird das Gerät wirklich zu Ihnen.

- **Themen und Hintergrundbilder:** Wählen Sie aus einer Vielzahl von Themen und Hintergrundbildern, um das Aussehen Ihres Geräts zu ändern. Sie können Ihre Fotos auch als Hintergrundbild verwenden.
- **Layout des Startbildschirms:** Sie können das Layout Ihres Startbildschirms anpassen, einschließlich der Rastergröße, der Symbolgröße und ob

die App-Schublade angezeigt oder ausgeblendet werden soll.

- **Gesten und Navigation:** Passen Sie Navigationsgesten und -schaltflächen an Ihre Vorlieben an. Sie können auch Gesten aktivieren, um die Kamera zu starten, die Taschenlampe einzuschalten und mehr.

Durch Erkunden und Anpassen dieser Einstellungen können Sie Ihr Tecno Pova 6 Pro-Erlebnis verbessern und Ihr Gerät angenehmer und an Ihren Lebensstil anpassen. Denken Sie daran, dass die besten Einstellungen diejenigen sind, die Ihren spezifischen Bedürfnissen und Vorlieben entsprechen. Sie können also jederzeit experimentieren und Anpassungen vornehmen.

Hardware Funktionen

Entdecken Sie das Design des Pova 6 Pro

Das Tecno Pova 6 Pro ist ein Beweis für Tecnos Engagement, Funktionalität mit Ästhetik in seinen Smartphone-Designs zu verbinden. In diesem Abschnitt werden die Hardwarefunktionen und Designelemente untersucht, die das Pova 6 Pro auf dem umkämpften Smartphone-Markt auszeichnen.

Verarbeitungsqualität und Materialien

Das Tecno Pova 6 Pro zeichnet sich durch eine robuste Verarbeitungsqualität aus, die sowohl langlebig als auch optisch ansprechend ist. Das Gerät verwendet eine Kombination von Materialien, um ein Gleichgewicht zwischen Haltbarkeit und Designeleganz zu erreichen:

- **Frontscheibe:** Die Vorderseite des Geräts ist mit einer hochwertigen Glasscheibe verziert, die ein reibungsloses und reaktionsschnelles Touch-Erlebnis bietet und gleichzeitig eine klare und lebendige Anzeigeausgabe bietet.
- **Rückseite und Rahmen aus Kunststoff:** Um ein leichtes Design beizubehalten, ohne die Haltbarkeit zu beeinträchtigen, verwendet das Pova 6 Pro ein hochwertiges Kunststoffmaterial für die Rückseite und den Rahmen. Diese Materialauswahl ermöglicht auch komplizierte Designs und Muster auf der Rückseite, was die Ästhetik des Geräts steigert.

Ergonomie und Handhabung

Der Tecno Pova 6 Pro wurde im Hinblick auf Benutzerkomfort und Ergonomie entwickelt. Trotz seines großen Displays verfügt das Gerät über ein schlankes Profil und abgerundete Kanten, sodass es bequem zu halten und mit einer Hand zu bedienen ist. Die Platzierung der

Tasten und Anschlüsse wurde sorgfältig durchdacht, um sicherzustellen, dass sie leicht zugänglich sind.

Anzeige

Das Display ist eines der herausragenden Merkmale des Pova 6 Pro und bietet Benutzern ein beeindruckendes Seherlebnis:

- **Größe und Auflösung:** Das Gerät verfügt über ein großes 6,78-Zoll-AMOLED-Display, das ausreichend Platz auf dem Bildschirm für Spiele, Streaming und Multitasking bietet. Mit einer Auflösung von 1080 x 2436 Pixeln liefert das Display scharfe und detaillierte Bilder.
- **Aktualisierungsrate:** Eine hohe Bildwiederholfrequenz von 120 Hz sorgt für flüssiges Scrollen und flüssige Animationen und verbessert das allgemeine Benutzererlebnis, insbesondere für Gamer und diejenigen, die viele Videoinhalte konsumieren.

- **Helligkeit und Farbgenauigkeit:** Das Display kann eine hohe Helligkeit erreichen, sodass auch bei direkter Sonneneinstrahlung eine gute Lesbarkeit gewährleistet ist. Die Farbwiedergabe ist präzise, mit lebendigen Farben und tiefen Schwarztönen, die Bilder und Videos hervorstechen lassen.

Kamerasystem

Das Tecno Pova 6 Pro ist mit einem vielseitigen Kamera-Setup ausgestattet, das auf eine Vielzahl von Fotoanforderungen zugeschnitten ist, darunter:

- **Rückfahrkameras:** Das Haupt Kamera Modul verfügt über einen hochauflösenden 108-MP-Sensor, der detaillierte und lebendige Fotos aufnimmt. Ergänzt wird es durch einen 2MP-Tiefensensor und ein 0,08MP-Hilfe-Objektiv, was kreative Foto Optionen wie Porträtmodus und Makroaufnahmen ermöglicht.

- **Vordere Kamera:** Eine 32-Megapixel-Frontkamera sorgt für hochwertige Selfies und Videoanrufe, mit Funktionen wie KI-Verschönerung und Porträtmodus zur Verbesserung Ihrer Aufnahmen.

Akku und Aufladen
Eines der wichtigsten Verkaufsargumente des Pova 6 Pro ist seine Akkulaufzeit und Ladefähigkeit:

- **Batteriekapazität:** Ein riesiger 6000-mAh-Akku sorgt selbst für Vielnutzer für eine ganztägige Akkulaufzeit. So stellen Sie sicher, dass Sie Ihren Tag überstehen können, ohne befürchten zu müssen, dass Ihnen der Strom ausgeht.
- **Schnellladung:** Das Gerät unterstützt den 70W-Schnellladen, sodass Sie den Akku schnell aufladen und Ausfallzeiten minimieren können. Diese Funktion ist praktisch für Benutzer, die ständig unterwegs sind.

Zusätzliche Hardware Funktionen

- **Konnektivität:** Das Pova 6 Pro unterstützt eine Vielzahl von Konnektivitäts Optionen, darunter 5G, Wi-Fi, Bluetooth und NFC, um sicherzustellen, dass Benutzer in verschiedenen Szenarien in Verbindung bleiben können.

- **Audio:** Stereolautsprecher sorgen für ein beeindruckendes Audio Erlebnis, egal ob Sie Filme schauen, Spiele spielen oder Musik hören. Der Einbau einer 3,5-mm-Kopfhörerbuchse ist eine willkommene Funktion für Benutzer, die kabelgebundene Audio Lösungen bevorzugen.

- **Sicherheit:** Das Gerät verfügt über einen optischen Fingerabdrucksensor unter dem Display, der eine sichere und bequeme Möglichkeit zum Entsperren Ihres Telefons bietet. Für zusätzliche Vielseitigkeit wird auch Face Unlock unterstützt.

Das Design des Tecno Pova 6 Pro vereint auf harmonische Weise Ästhetik, Funktionalität und benutzerorientierte Funktionen. Seine robuste Verarbeitungsqualität, die ergonomische Handhabung, das beeindruckende Display, das vielseitige Kamerasystem und die lange Akkulaufzeit machen es zu einer überzeugenden Wahl für ein Mittelklasse-Smartphone, das keine Kompromisse bei Leistung und Stil eingeht.

Beherrschen der Display- und Touch-Steuerung

Das Tecno Pova 6 Pro verfügt über ein lebendiges und reaktionsschnelles Display, ergänzt durch intuitive Touch-Bedienelemente, die die Benutzerinteraktion verbessern. Das Verstehen und Optimieren dieser Funktionen kann Ihr Gesamterlebnis erheblich verbessern. Dieser Abschnitt bietet Einblicke in die Beherrschung der Anzeigeeinstellungen und Touch-Bedienelemente Ihres Tecno Pova 6 Pro.

Optimieren der Anzeigeeinstellungen

Das Display ist Ihr Fenster zu allem, was Ihr Smartphone tun kann, vom Surfen im Internet und Ansehen von Videos bis hin zu Spielen und Lesen. So können Sie es optimieren:

- **Helligkeit anpassen:** Passen Sie die Bildschirmhelligkeit für eine optimale Anzeige an Ihre Umgebung an. Sie können die adaptive Helligkeit aktivieren, die die Bildschirmhelligkeit automatisch an die Umgebung Lichtbedingungen angepasst und so die beste Sicht gewährleistet und gleichzeitig die Batterielebensdauer schont.
- **Farbmodus auswählen:** Das Tecno Pova 6 Pro bietet möglicherweise verschiedene Farbmodi oder Profile, die sich auf die Darstellung der Farben auswirken. Experimentieren Sie mit diesen Einstellungen, um diejenige zu finden, die Ihren Vorlieben in Bezug auf Farbgenauigkeit und Lebendigkeit entspricht.

- **Dunkel Modus aktivieren:** Der Dunkel Modus ändert die System- und App-Hintergründe in dunkle Farben, was die Belastung der Augen bei schlechten Lichtverhältnissen verringert und möglicherweise die Akkulaufzeit verlängert. Dies ist besonders bei nächtlicher Nutzung von Vorteil.
- **Aktualisierungsrate anpassen:** Scrollen und Animationen sind mit einer hohen Bildwiederholfrequenz von 120 Hz flüssiger. Allerdings kann dies mehr Batterie verbrauchen. Wenn die Akkulaufzeit ein Problem darstellt, sollten Sie die Einstellung einer niedrigeren Bildwiederholfrequenz in Betracht ziehen.

Verwendung von Touch-Steuerelementen

Touch-Bedienelemente sind für die Navigation und Interaktion mit Ihrem Gerät von zentraler Bedeutung. Hier sind einige Tipps, um sie zu meistern:

- **Seitennavigation:** Wenn Sie ein noch intensiveres Bildschirm-Erlebnis bevorzugen, aktivieren Sie die Gestennavigation. Dadurch wird die herkömmliche Navigationsleiste durch Gesten ersetzt, was mehr Platz auf dem Bildschirm und eine intuitive Gerätesteuerung ermöglicht.
- **Berührungsempfindlichkeit:** Wenn Sie Displayschutzfolien verwenden, passen Sie die Empfindlichkeit an, um sicherzustellen, dass Ihre Berührungen und Wischbewegungen genau registriert werden.
- **Tastaturanpassung:** Die Bildschirmtastatur ist eine primäre Touch-Schnittstelle zur Texteingabe. Tauchen Sie in die Einstellungen ein, um Funktionen wie Autokorrektur, haptisches Feedback und Tastaturhöhe für ein komfortableres Tipperlebnis anzupassen.

Erweiterte Anzeigefunktionen

Entdecken Sie erweiterte Funktionen, die Ihr Anzeigeerlebnis weiter verbessern können:

- **Always-On-Display (AOD):** Sofern unterstützt, können Sie mit AOD Uhrzeit, Datum, Benachrichtigungen und andere ausgewählte Informationen anzeigen, ohne Ihr Telefon aufzuwecken. Es handelt sich um eine praktische Funktion, die nach Ihren Wünschen angepasst werden kann.
- **Lesemodus:** Dieser Modus passt die Farbtemperatur des Displays an, um blaues Licht zu reduzieren und so die Augen bei längeren Lesesitzungen zu schonen.
- **Bildschirmaufnahme:** Das Tecno Pova 6 Pro verfügt wahrscheinlich über eine Bildschirmaufzeichnung Funktion, mit der Sie das Geschehen auf Ihrem Bildschirm aufzeichnen können, was für Tutorials, Gameplay oder das Speichern von Videoanrufen nützlich ist.

Tipps für eine effektive Touch-Interaktion

- **Multi-Touch-Gesten:** Machen Sie sich mit Multi-Touch-Gesten wie Pinch-to-Zoom und Zwei-Finger-Wischen vertraut, die die Navigation und Steuerung in Apps und der Medienwiedergabe verbessern können.
- **Benutzerdefinierte Verknüpfungen:** Erwägen Sie die Anpassung von Touch-Verknüpfungen oder Gesten, um Apps zu starten oder bestimmte Aktionen schnell auszuführen. Dies kann Ihren Arbeitsablauf erheblich beschleunigen und die Navigation effizienter gestalten.

Indem Sie die Anzeigeeinstellungen und Touch-Bedienelemente Ihres Tecno Pova 6 Pro beherrschen, können Sie ein personalisierteres und effizienteres Benutzererlebnis schaffen. Nehmen Sie sich die Zeit, diese Einstellungen zu erkunden und an Ihre Nutzungspräferenzen und -gewohnheiten anzupassen, um sicherzustellen, dass Ihr Gerät für Sie optimal funktioniert.

Nutzung des leistungsstarken Prozessors

Das Tecno Pova 6 Pro verfügt über einen leistungsstarken Prozessor, der eine reibungslose Leistung und effizientes Multitasking ermöglicht. Wenn Sie verstehen, wie Sie diese Rechenleistung nutzen können, können Sie die Fähigkeiten des Geräts für verschiedene Aufgaben maximieren, vom täglichen Gebrauch bis hin zu anspruchsvollen Anwendungen.

Den Prozessor verstehen

Das Herzstück des Tecno Pova 6 Pro ist sein MediaTek Dimensity 6080-Chipsatz, ein Octa-Core-Prozessor, der hohe Leistung mit Energieeffizienz vereint. Dieser Prozessor ist für die Bewältigung einer Vielzahl von Aufgaben konzipiert, darunter:

- **High-Definition-Gaming:** Der Chipsatz kann problemlos grafikintensive

Spiele ausführen und sorgt so für ein flüssiges und fesselndes Spielerlebnis.

- **Multimedia-Konsum:** Egal, ob Sie Videos streamen oder Fotos bearbeiten, der Prozessor sorgt dafür, dass Medien schnell und reibungslos gerendert werden.
- **Produktivitäts Aufgaben:** Vom Durchsuchen mehrerer Webseiten bis hin zur Verwendung von Produktivitäts-Apps kann der Prozessor Multitasking ohne nennenswerte Verlangsamung bewältigen.

Optimierung der Leistung

Um den Prozessor des Tecno Pova 6 Pro optimal zu nutzen, beachten Sie die folgenden Tipps:

- **Aktualisieren Sie Ihre Software:** Halten Sie die Software Ihres Geräts auf dem neuesten Stand, um sicherzustellen, dass Sie über die neuesten Leistungsoptimierungen und Sicherheitspatches verfügen.

- **Hintergrund-Apps verwalten:** Schließen Sie regelmäßig ungenutzte Apps, die im Hintergrund ausgeführt werden, um Speicher und Rechenleistung für die Aufgaben freizugeben.
- **Verwenden Sie Leistungsmodi:** Einige Geräte bieten Leistungsmodi, die die Rechenleistung für anspruchsvolle Aufgaben steigern können. Überprüfen Sie die Akku- oder Leistungseinstellungen Ihres Geräts, um festzustellen, ob solche Optionen verfügbar sind.

Gaming und Grafik

Für Gaming-interessierte Nutzer ist der Prozessor des Tecno Pova 6 Pro ein großer Pluspunkt:

- **Spielmodus:** Wenn verfügbar, aktivieren Sie den Spielemodus, um die Spiele Ressourcen des Geräts zu optimieren, was die Bildraten und das gesamte Gameplay verbessern kann.

- **Grafikeinstellungen:** Passen Sie im Spiel die Grafikeinstellungen an die Leistungsfähigkeit des Prozessors an. Höhere Einstellungen sorgen für eine bessere Grafik, während niedrigere Einstellungen möglicherweise eine längere Akkulaufzeit und Leistung bieten.

Produktivität und Multitasking

Auch der Prozessor spielt eine entscheidende Rolle für die Produktivität:

- **Geteilter Bildschirm:** Nutzen Sie die Split-Screen-Funktion, um zwei Apps nebeneinander auszuführen und so Ihre Produktivität zu verdoppeln.
- **RAM-Verwaltung:** Mit ausreichend RAM kann das Tecno Pova 6 Pro mehr Apps im Speicher behalten, um schnell wechseln zu können. Berücksichtigen Sie die Anzahl der geöffneten Apps, um eine optimale Leistung zu gewährleisten.

Kreativer und professioneller Einsatz

Für kreative und professionelle Aufgaben ist die Leistung des Prozessors eine Wohltat:

- **Foto- und Videobearbeitung:** Der Prozessor kann hochauflösende Fotos und Videos ohne Verzögerung bearbeiten.
- **Professionelle Apps:** Führen Sie anspruchsvolle professionelle Apps für Aufgaben wie Grafikdesign, 3D-Modellierung oder Finanzanalysen sicher aus.

Überlegungen zur Batterielebensdauer

Bei der Nutzung der Prozessorleistung ist es wichtig, die Auswirkungen auf die Akkulaufzeit zu berücksichtigen:

- **Batteriesparmodi:** Wenn Sie nicht die maximale Leistung benötigen, nutzen Sie den Energiesparmodus, um die Batterielebensdauer Ihres Geräts zu verlängern.
- **Monitornutzung:** Überwachen Sie den Akkuverbrauch im Einstellungsmenü, um Apps oder Prozesse zu identifizieren, die möglicherweise übermäßig Strom verbrauchen.

Indem Sie den leistungsstarken Prozessor des Tecno Pova 6 Pro verstehen und nutzen, können Sie Ihr Erlebnis bei einer Vielzahl von Aktivitäten verbessern. Egal, ob Sie Gamer, Produktivitätsbegeisterter oder Kreativprofi sind, die Verarbeitungsfunktionen des Geräts können Ihre Anforderungen erfüllen und Ihnen dabei helfen, Ihre Ziele effizient zu erreichen.

Software-Grundlagen

Übersicht über das Android-Betriebssystem

Das Tecno Pova 6 Pro läuft auf dem Android-Betriebssystem und ist bekannt für seine Flexibilität, Anpassungsmöglichkeiten und sein umfangreiches App-Ökosystem. Das Android-Betriebssystem bietet eine benutzerfreundliche Oberfläche und eine Vielzahl von Funktionen, die den unterschiedlichsten Vorlieben und Bedürfnissen der Benutzer gerecht werden. Dieser Abschnitt bietet einen Überblick über das Android-Betriebssystem und die Kernfunktionen des Tecno Pova 6 Pro.

Kernfunktionen des Android-Betriebssystems
- **Google Play Store:** Das Herzstück des Android-App-Ökosystems ist der Google

Play Store, der Millionen von Apps und Spielen für verschiedene Zwecke anbietet, von Produktivität und Bildung bis hin zu Unterhaltung.

- **Google-Dienste:** Das Android-Betriebssystem verfügt über eine Reihe von Google-Diensten, darunter Gmail, Google Maps, Google Drive und Google Fotos, die Benutzern wichtige Tools für Kommunikation, Navigation, Speicherung und Fotoverwaltung bieten.

- **Anpassung:** Android ermöglicht eine umfassende Anpassung der Benutzeroberfläche, einschließlich der Möglichkeit, Themen, Startprogramme, Symbolpakete und Widgets zu ändern, um das Gerät nach Ihren Wünschen zu personalisieren.

- **Benachrichtigungen:** Das Benachrichtigungssystem von Android ist äußerst informativ und interaktiv. Es bietet Benachrichtigungen von Apps, Anrufen, Nachrichten und Systemaktualisierungen, die durch einfaches Wischen und Tippen verwaltet werden können.

- **Sicherheit und Privatsphäre:** Android verfügt über verschiedene Sicherheitsfunktionen wie Google Play Protect, das Apps auf bösartiges Verhalten scannt, und Datenschutzeinstellungen, mit denen Sie App-Berechtigungen und Datenzugriff verwalten können.

Android-Versionen und Updates

Das Android-Betriebssystem entwickelt sich kontinuierlich weiter. In regelmäßigen Abständen werden neue Versionen veröffentlicht, die neue Funktionen, Verbesserungen und Sicherheitsupdates einführen. Es ist wichtig, dass Sie Ihr Tecno Pova 6 Pro auf die neueste verfügbare Version aktualisieren, um optimale Leistung und Sicherheit zu gewährleisten.

- **Systemaktualisierung:** Suchen Sie regelmäßig in den Geräteeinstellungen unten nach Systemaktualisierungen

„System"->„Systemaktualisierung". Updates können neue Funktionen, Leistungsverbesserungen und Sicherheitspatches umfassen.

- **Versionsnamen:** Android-Versionen sind in der Regel nach Süßigkeiten oder Desserts benannt und jede neue Version bringt erhebliche Änderungen am Betriebssystem mit sich.

HiOS-Anpassung

HiOS von Tecno ist eine angepasste Version von Android, die zusätzliche Funktionen und Modifikationen enthält, die das Benutzererlebnis auf Tecno-Geräten verbessern sollen.

- **Benutzerdefinierte Funktionen:** HiOS umfasst einzigartige Funktionen wie intelligente Gesten, benutzerdefinierte Themen und zusätzliche Einstellungen, die im Standard-Android-Erlebnis nicht zu finden sind.

- **Benutzeroberfläche:** HiOS hat möglicherweise ein anderes Erscheinungsbild als Standard-Android, mit benutzerdefinierten Symbolen, Layouts und Systemanimationen.

Optimierung von Android für das Tecno Pova 6 Pro

Um das Android-Betriebssystem auf Ihrem Tecno Pova 6 Pro optimal zu nutzen, beachten Sie die folgenden Tipps:

- **App-Management:** Überprüfen und deinstallieren Sie regelmäßig Apps, die Sie nicht mehr verwenden, um Speicherplatz und Ressourcen freizugeben.
- **Batterie Optimierung:** Nutzen Sie die integrierten Akku Optimierungsfunktionen von Android, um die Akkulaufzeit Ihres Geräts zu verlängern, indem Sie Hintergrundprozesse verwalten und Einstellungen für einzelne Apps anpassen.

- **Passen Sie Ihr Erlebnis an:** Entdecken Sie die einzigartigen Einstellungen und Funktionen von HiOS, um Ihr Gerät weiter anzupassen und von den Tecno-spezifischen Verbesserungen zu profitieren.

Indem Sie sich mit dem Android-Betriebssystem und den zusätzlichen Funktionen von HiOS vertraut machen, können Sie die Möglichkeiten Ihres Tecno Pova 6 Pro voll ausschöpfen. Ganz gleich, ob Sie ein Android-Neuling oder ein erfahrener Enthusiast sind: Die Kombination der Kernstärken von Android und der Anpassungsmöglichkeiten von Tecno bietet ein reichhaltiges und vielseitiges Smartphone-Erlebnis.

Vorinstallierte Apps und ihre Funktionen

Wie viele Smartphones verfügt auch das Tecno Pova 6 Pro über verschiedene vorinstallierte Apps, die Ihr Benutzererlebnis sofort verbessern sollen. Diese Apps reichen von wichtigen Tools und Dienstprogrammen bis hin zu Unterhaltungs- und Social-Media-Plattformen. Wenn Sie die Funktionen dieser vorinstallierten Apps verstehen, können Sie effizienter mit Ihrem Gerät beginnen. Hier finden Sie eine Übersicht über einige gängige Kategorien vorinstallierter Apps auf dem Tecno Pova 6 Pro und ihre Hauptfunktionen.

Kommunikation und soziale Medien
Telefon: Ermöglicht das Tätigen und Empfangen von Anrufen, das Verwalten von Kontakten und den Zugriff auf den Anrufverlauf.

- **Mitteilungen:** Die Standard-App zum Senden und Empfangen von SMS- und MMS-Nachrichten.
- **WhatsApp:** Eine beliebte Messaging-App, die Ihre Internetverbindung nutzt, um Nachrichten zu senden und Sprach- oder Videoanrufe zu tätigen.
- **Facebook:** Eine vorinstallierte Social-Media-App, mit der Sie mit

Freunden in Kontakt treten und Updates, Fotos und Videos teilen können.

Produktivität und Organisation
- **Kalender:** Dies hilft Ihnen bei der Verwaltung Ihres Zeitplans, indem Sie Termine, Erinnerungen und Ereignisse festlegen.
- **Email:** Eine generische E-Mail-App, die bei verschiedenen E-Mail-Anbietern zum Senden und Empfangen von E-Mails eingerichtet werden kann.
- **Dateien:** Ein Dateimanager, mit dem Sie auf Ihrem Gerät und in Cloud-Speicherdiensten gespeicherte Dateien durchsuchen, organisieren und verwalten können.
- **Uhr:** Enthält Funktionen wie Alarme, Stoppuhr, Timer und Weltzeituhr Funktionen.

Multimedia und Unterhaltung
- **Kamera:** Die primäre App zum Aufnehmen von Fotos und Videos mit

verschiedenen Modi und Einstellungen zur Verbesserung Ihrer Fotografie.
- **Galerie:** Sie können auf Ihrem Gerät gespeicherte Fotos und Videos anzeigen, organisieren und bearbeiten.
- **Musik:** Ein Musikplayer zum Anhören und Organisieren Ihrer Musikdateien.
- **FM-Radio:** Dadurch können Sie lokale UKW-Radiosender hören, wobei Kopfhörer als Antenne angeschlossen werden müssen.

Dienstprogramme und Tools
- **Taschenrechner:** Bietet grundlegende und erweiterte mathematische Funktionen.
- **Taschenlampe:** Verwandelt den LED-Blitz Ihres Geräts in eine Taschenlampe zur Beleuchtung.
- **Wetter:** Bietet Wettervorhersagen und -bedingungen für Ihren aktuellen Standort oder bestimmte Städte.
- **Google Apps:** Eine Reihe von Google-Diensten, darunter Google Maps, Google Drive, Google Fotos und

YouTube, die jeweils Navigation, Cloud-Speicher, Fotoverwaltung und Video-Streaming bieten.

System und Sicherheit
- **Einstellungen:** Der zentrale Hub zum Konfigurieren und Anpassen der Software- und Hardwareeinstellungen Ihres Geräts.
- **Google Play Store:** Der offizielle App Store für Android, in dem Sie Apps und Spiele herunterladen und installieren können.
- **Google Play Protect:** Bietet automatisches Scannen von Apps aus dem Google Play Store auf bösartiges Verhalten.
- **HiOS-Launcher:** Der benutzerdefinierte Launcher von Tecno bietet zusätzliche Anpassungsoptionen und Funktionen, die nur für HiOS gelten.

Tipps zum Verwalten vorinstallierter Apps

- **Entdecken und anpassen:** Nehmen Sie sich etwas Zeit, um jede vorinstallierte App zu erkunden und ihre Funktionen und Einstellungen zu verstehen. Passen Sie die Apps nach Ihren Wünschen an, um ein persönlicheres Erlebnis zu erzielen.
- **Unerwünschte Apps deinstallieren oder deaktivieren:** Wenn es vorinstallierte Apps gibt, die Sie nicht verwenden möchten, sollten Sie erwägen, diese zu deinstallieren, um Speicherplatz freizugeben. Wenn eine App nicht deinstalliert werden kann, haben Sie möglicherweise die Möglichkeit, sie zu deaktivieren.
- **Apps regelmäßig aktualisieren:** Halten Sie Ihre vorinstallierten Apps über den Google Play Store auf dem neuesten Stand, um sicherzustellen, dass Sie über die neuesten Funktionen und Sicherheitsverbesserungen verfügen.

Indem Sie sich mit den vorinstallierten Apps auf Ihrem Tecno Pova 6 Pro vertraut machen, können Sie sofort das volle Potenzial Ihres Geräts nutzen. Ob für Kommunikation, Produktivität, Unterhaltung oder Systemverwaltung – diese Apps bieten eine solide Grundlage für Ihr Smartphone-Erlebnis.

Verwalten von Benachrichtigungen und Berechtigungen

Die effektive Verwaltung von Benachrichtigungen und App-Berechtigungen ist entscheidend für die Wahrung der Privatsphäre und ein ablenkungsfreies Erlebnis auf Ihrem Tecno Pova 6 Pro. Das Android-Betriebssystem bietet eine detaillierte Kontrolle darüber, welche Apps Ihnen Benachrichtigungen senden und auf bestimmte Gerätefunktionen oder -daten zugreifen können. So verwalten Sie diese Einstellungen, um Ihr Gerät an Ihre Vorlieben anzupassen.

Benachrichtigungen verwalten
Benachrichtigungen halten Sie über wichtige Ereignisse, Nachrichten und Aktualisierungen

auf dem Laufenden. Übermäßige Benachrichtigungen können jedoch überwältigend sein. So verwalten Sie sie:

- **Benachrichtigungseinstellungen:** Greifen Sie auf die Benachrichtigungseinstellungen zu, indem Sie auf gehen„**Einstellungen**" > „**Apps und Benachrichtigungen**". Hier können Sie Benachrichtigungseinstellungen für jede App konfigurieren.
- **Bitte nicht stören (DND):** Aktivieren Sie den DND-Modus, um alle Anrufe und Benachrichtigungen stummzuschalten, mit der Option, Ausnahmen für wichtige Kontakte oder Apps zuzulassen. Passen Sie die DND-Einstellungen an, indem Sie zu „**Einstellungen**" > „**Ton**" > „**Bitte nicht stören.**"
- **Benachrichtigung Kanäle:** Mit Android können Sie Benachrichtigungen über Kanäle präziser verwalten. Dies bedeutet, dass Sie verschiedene Arten von Benachrichtigungen über eine

einzige App steuern können, z. B. Werbenachrichten oder Transaktions Benachrichtigungen.

- **Sperrbildschirm Benachrichtigungen:** Sie können wählen, ob alle Benachrichtigungen auf dem Sperrbildschirm angezeigt werden sollen, vertrauliche Inhalte ausgeblendet werden sollen oder für mehr Privatsphäre keine Benachrichtigungen angezeigt werden sollen. Passen Sie diese Einstellungen an „**Einstellungen**" -> „**Apps & Benachrichtigungen**" -> „**Benachrichtigungen**" -> „**Auf dem Sperrbildschirm.**"

App-Berechtigungen verwalten

App-Berechtigungen steuern, auf welche Daten und Funktionen eine App auf Ihrem Gerät zugreifen kann. Die Verwaltung dieser Berechtigungen ist der Schlüssel zum Schutz Ihrer Privatsphäre.

- **Überprüfung Berechtigungen:** Überprüfen Sie regelmäßig die

App-Berechtigungen, indem Sie auf **„Einstellungen"** -> **„Apps & Benachrichtigungen"** -> **„App-Berechtigungen".** Hier können Sie sehen, welche Apps Zugriff auf Berechtigungen wie Kamera, Kontakte, Standort und mehr haben.

- **Berechtigungen erteilen:** Wenn Sie eine neue App installieren oder eine Funktion zum ersten Mal verwenden, fordert die App die erforderlichen Berechtigungen an. Erteilen Sie nur Berechtigungen, die für die Funktionalität der App unbedingt erforderlich sind.
- **Berechtigungen widerrufen:** Wenn Sie der Meinung sind, dass eine App keinen Zugriff mehr auf bestimmte Daten oder Funktionen haben sollte, können Sie Berechtigungen jederzeit widerrufen, indem Sie in den Einstellungen der App die Berechtigungen deaktivieren.
- **Automatisches Zurücksetzen der Berechtigung:** Einige Android-Versionen enthalten eine

Funktion, die Berechtigungen für Apps, die über einen längeren Zeitraum nicht verwendet wurden, automatisch zurücksetzt. Dies trägt dazu bei, Ihre Daten vor unnötigem Zugriff zu schützen.

Tipps zur Benachrichtigungs- und Berechtigungsverwaltung

- **Benachrichtigungen priorisieren:** Bestimmen Sie, welche Apps und Benachrichtigungsarten für Sie am wichtigsten sind, und priorisieren Sie sie entsprechend. Weniger wichtige Benachrichtigungen können stummgeschaltet oder deaktiviert werden.
- **Benachrichtigungsverlauf verwenden:** Wenn Sie eine Benachrichtigung versehentlich verwerfen, können Sie sie im Benachrichtigungsverlauf überprüfen. Aktivieren Sie diese Funktion in „Einstellungen" -> „Apps & Benachrichtigungen" ->

„Benachrichtigungen" -> „Benachrichtigungsverlauf".

- **Berechtigungen verstehen:** Machen Sie sich mit den Arten von Berechtigungen vertraut und erfahren Sie, warum bestimmte Apps diese möglicherweise anfordern. Dieses Wissen hilft Ihnen, fundierte Entscheidungen bei der Erteilung oder dem Widerruf von Berechtigungen zu treffen.
- **Regelmäßige Audits:** Überprüfen Sie regelmäßig Ihre Benachrichtigungs- und Berechtigungseinstellungen, um sicherzustellen, dass sie Ihren Präferenzen und Datenschutzbedenken entsprechen.

Durch die Steuerung von Benachrichtigungen und App-Berechtigungen auf Ihrem Tecno Pova 6 Pro können Sie ein persönlicheres und sichereres Smartphone-Erlebnis schaffen.

Kamera und Multimedia

Aufnehmen Atemberaubender Fotos und Videos

Das Tecno Pova 6 Pro ist mit einem vielseitigen Kamerasystem ausgestattet, das für die Aufnahme atemberaubender Fotos und Videos in verschiedenen Szenarien entwickelt wurde.

Ganz gleich, ob Sie ein begeisterter Fotograf sind oder gerne Momente aus Ihrem Alltag festhalten: Wenn Sie wissen, wie Sie die Fähigkeiten der Kamera optimal nutzen können, können Sie Ihre Multimedia-Inhalte erheblich verbessern. Dieser Abschnitt bietet Tipps und Einblicke, wie Sie die Kamerafunktionen des Tecno Pova 6 Pro optimal nutzen können.

Das Kamera-Setup verstehen

Das Tecno Pova 6 Pro verfügt über ein Kamera-Setup mit mehreren Objektiven, das Folgendes umfasst:

- **108MP Hauptkamera:** Der hochauflösende Hauptsensor erfasst detaillierte und lebendige Fotos, die für eine Vielzahl von Fotoanforderungen geeignet sind, von Landschaften bis hin zu Porträts.
- **2MP Tiefensensor:** Dieser Sensor dient der Tiefenerkennung und ermöglicht so wunderschöne Porträtaufnahmen mit unscharfem Hintergrund, auch bekannt als Bokeh-Effekt.
- **0,08MB Hilfsobjekt:** Hilft bei der Erfassung zusätzlicher Daten zur Verbesserung der Fotoqualität, z. B. zur Verbesserung der Leistung bei schlechten Lichtverhältnissen.

Die nach vorne gerichtete Kamera, typischerweise etwa 32MP, ist für hochwertige

Selfies und Videoanrufe konzipiert und verfügt über Verschönerungs Modus und Porträteffekte.

Tipps zum Aufnehmen atemberaubender Fotos

- **Entdecken Sie die Kameramodi:** Die Kamera-App des Tecno Pova 6 Pro umfasst Modi wie Porträt, Nacht, Panorama und Pro-Modus. Experimentieren Sie mit diesen Modi, um die beste Lösung für Ihr aktuelles Aufnahmeszenario zu finden.
- **HDR nutzen:** Der High Dynamic Range (HDR)-Modus gleicht die Schatten und Lichter in Ihren Fotos aus und ist somit ideal für Szenen mit hohem Kontrast.
- **Spielen Sie mit der Komposition:** Befolgen Sie Fotografieregeln wie die Drittelregel, Führungslinien und Rahmen, um ansprechendere und optisch ansprechendere Fotos zu erstellen.
- **Fokus und Belichtung:** Tippen Sie zum Fokussieren auf Ihr Motiv und passen Sie die Belichtung bei Bedarf an,

indem Sie auf dem Bildschirm nach oben oder unten wischen. Der richtige Fokus und die richtige Belichtung sind der Schlüssel zum Aufnehmen klarer und gut beleuchteter Fotos.

Tipps zum Aufnehmen hochwertiger Videos

- **Stabilisieren Sie Ihre Aufnahmen:** Verwenden Sie ein Stativ oder stabilisieren Sie Ihre Hände, um verwackelte Aufnahmen zu vermeiden. Das Tecno Pova 6 Pro verfügt möglicherweise auch über eine elektronische oder optische Bildstabilisierung, die dabei hilft.
- **Experimentieren Sie mit Auflösungen:** Das Gerät unterstützt verschiedene Videoauflösungen und Bildraten. Höhere Auflösungen bieten mehr Details, während höhere Bildraten flüssigeres Filmmaterial erzeugen. Finden Sie die richtige Balance für Ihre Bedürfnisse.

- **Verwenden Sie den Pro-Video-Modus:** Falls verfügbar, können Sie im Pro-Video-Modus Einstellungen wie ISO, Verschlusszeit und Weißabgleich manuell anpassen, um mehr Kontrolle über das Aussehen Ihres Videos zu haben.
- **Erfassen Sie Zeitlupe und Zeitraffer:** Diese Kreativmodi können Ihren Videos eine einzigartige Perspektive verleihen. Zeitlupe fängt schnelle Aktionen ein, während Zeitraffer Veränderungen im Laufe der Zeit zeigt.

Bearbeiten und Teilen

Nachdem Sie Ihre Fotos und Videos aufgenommen haben, verwenden Sie die integrierten Bearbeitungswerkzeuge des Tecno Pova 6 Pro, um Ihre Inhalte zu verbessern. Sie können zuschneiden, Helligkeit und Kontrast anpassen, Filter anwenden und vieles mehr. Sobald Sie mit Ihren Änderungen zufrieden sind, können Sie Ihre Kreationen direkt über die Galerie-App auf Social-Media-Plattformen oder über Messaging-Apps mit Freunden und Familie teilen.

Indem Sie die Kamera- und Multimediafunktionen des Tecno Pova 6 Pro beherrschen, können Sie Ihr kreatives Potenzial entfalten und die Momente des Lebens in atemberaubender Detailgenauigkeit festhalten. Ganz gleich, ob Sie eine atemberaubende Landschaft fotografieren, ein besonderes Ereignis aufzeichnen oder alltägliche Momente festhalten – mit diesen Tipps erzielen Sie die besten Ergebnisse.

Bearbeiten von Bildern mit der Kamera-App von Tecno

Mit der Kamera-App des Tecno Pova 6 Pro können Sie hochwertige Fotos aufnehmen und Bearbeitungstools zur Verbesserung und Personalisierung Ihrer Bilder direkt auf Ihrem Gerät bereitstellen. Mit diesen integrierten Bearbeitungsfunktionen können Sie schnelle Anpassungen vornehmen, künstlerische Effekte anwenden und Ihre ausgefeilten Fotos ganz einfach teilen. Hier erfahren Sie, wie Sie in der

Kamera-App von Tecno navigieren und die Bearbeitungsfunktionen nutzen.

Zugreifen auf die Bearbeitungswerkzeuge

So beginnen Sie mit der Bearbeitung eines Bildes:

1. Öffnen Sie die Galerie-App und wählen Sie das Foto aus, das Sie bearbeiten möchten.
2. Tippen Sie auf das Bearbeitungssymbol, das normalerweise durch einen Stift oder einen Schieberegler dargestellt wird, um auf die Bearbeitungswerkzeuge zuzugreifen.

Grundlegende Bearbeitungsfunktionen

Die Kamera-App umfasst typischerweise eine Reihe grundlegender Bearbeitungsfunktionen, mit denen Sie schnelle und effektive Anpassungen an Ihren Fotos vornehmen können:

- **Zuschneiden und drehen:** Passen Sie die Komposition an, indem Sie

unerwünschte Fototeile ausschneiden oder drehen, um die Ausrichtung zu korrigieren.
- **Helligkeit und Kontrast:** Ändern Sie die Helligkeit, um Ihr Foto heller oder dunkler zu machen, und passen Sie den Kontrast an, um den Unterschied zwischen hellen und dunklen Bereichen zu verstärken.
- **Sättigung und Wärme:** Erhöhen Sie die Sättigung für lebendigere Farben oder verringern Sie sie für einen gedämpfteren Look. Passen Sie die Wärme an, um das Foto kühler (blauer) oder wärmer (gelber) zu machen.
- **Schärfe:** Schärfen Sie das Bild, um Details deutlicher hervorzuheben, insbesondere wenn das Originalfoto leicht unscharf ist.

Erweiterte Bearbeitungsfunktionen

Für diejenigen, die tiefer in die Fotobearbeitung eintauchen möchten, bietet die Kamera-App möglicherweise erweiterte Funktionen:

- **Filter und Effekte:** Wenden Sie voreingestellte Filter an, um Ihrem Foto ein bestimmtes Aussehen oder eine bestimmte Stimmung zu verleihen, z. B. Vintage, Schwarzweiß oder Sepia.
- **Beauty-Modus:** Verwenden Sie den Schönheitsmodus, um die Haut zu glätten, Gesichtszüge anzupassen und Make-up-Effekte in Selfies anzuwenden.
- **Text und Aufkleber:** Fügen Sie Text in verschiedenen Schriftarten und Farben hinzu oder platzieren Sie Aufkleber auf Ihrem Foto, um ein lustiges oder informatives Element hinzuzufügen.

Speichern und Teilen Ihrer Änderungen

Sobald Sie mit Ihren Änderungen zufrieden sind:

1. Tippen Sie auf die Schaltfläche „**Speichern**", um das Originalfoto zu überschreiben oder eine neue Kopie zu speichern, je nach Ihren Vorlieben und den Einstellungen der App.

2. Teilen Sie Ihr bearbeitetes Foto direkt aus der Galerie, indem Sie auf das Teilen-Symbol klicken und aus verschiedenen Freigabeoptionen wie Social-Media-Plattformen, Messaging-Apps oder E-Mail wählen.

Tipps zum Bearbeiten von Bildern
- **Experiment:** Scheuen Sie sich nicht, verschiedene Bearbeitungswerkzeuge und Effekte auszuprobieren, um herauszufinden, was für Ihr Foto am besten funktioniert. Sie können Änderungen jederzeit rückgängig machen oder bei Bedarf von vorne beginnen.
- **Weniger ist mehr:** Manchmal können subtile Änderungen effektiver sein als schwerfällige Anpassungen. Streben Sie nach Verbesserungen, die natürlich und der Szene entsprechen.
- **Konsistenz:** Wenn Sie eine Reihe von Fotos bearbeiten, sollten Sie erwägen, ähnliche Anpassungen vorzunehmen, um ein einheitliches Erscheinungsbild aller Bilder beizubehalten.

Durch die Nutzung der Bearbeitungsfunktionen in der Kamera-App des Tecno Pova 6 Pro können Sie Ihre Fotografie auf die nächste Stufe heben und optisch ansprechende Bilder erstellen, die herausstechen. Ganz gleich, ob Sie einfache Optimierungen vornehmen oder kreative Bearbeitungen ausprobieren – mit diesen Tools können Sie Ihre Vision zum Ausdruck bringen und Ihre Welt mit anderen teilen.

Genießen Sie Musik, Videos und Spiele

Das Tecno Pova 6 Pro wurde entwickelt, um ein umfassendes Multimedia-Erlebnis zu bieten und richtet sich an Benutzer, die gerne Inhalte konsumieren und sich gerne auf mobilen Spielen engagieren. Mit seiner leistungsstarken Hardware und optimierten Software bietet das Gerät ein reichhaltiges audiovisuelles Erlebnis und eine reibungslose Spieleleistung. So holen Sie das Beste aus Musik, Videos und Spielen auf Ihrem Tecno Pova 6 Pro heraus.

Musik- und Audioerlebnis

- **Musikspieler:** Das Gerät verfügt über eine integrierte Musik-Player-App, die eine Vielzahl von Audioformaten unterstützt. Sie können ganz einfach Wiedergabelisten erstellen, Equalizer-Einstellungen anpassen und Ihre Musikbibliothek verwalten.
- **Streaming-Dienste:** Um auf eine umfangreiche Songbibliothek zuzugreifen, sollten Sie Musik-Streaming-Apps wie Spotify, Apple Music oder YouTube Music aus dem Google Play Store herunterladen. Diese Dienste bieten personalisierte Wiedergabelisten und Empfehlungen basierend auf Ihren Hörgewohnheiten.
- **Hochwertige Audioqualität:** Das Tecno Pova 6 Pro unterstützt eine hochwertige Audioausgabe über seinen Kopfhöreranschluss und Bluetooth für kabellose Kopfhörer oder Lautsprecher. Suchen Sie nach Geräten, die Codecs wie AAC, aptX oder LDAC unterstützen, um

das beste kabellose Audioerlebnis zu erzielen.
- **FM-Radio:** Wenn Sie Live-Radio bevorzugen, können Sie mit der integrierten UKW-Radio-App lokale Sender einstellen. Denken Sie daran, dass Sie möglicherweise kabelgebundene Kopfhörer anschließen müssen, die als Antenne fungieren.

Video-Streaming und -Wiedergabe
- **Großes Display:** Durch das 6,78 Zoll große AMOLED-Display mit hoher Bildwiederholfrequenz eignet sich das Tecno Pova 6 Pro ideal zum Ansehen von Videos und zum Streamen von Inhalten. Die lebendigen Farben und tiefen Schwarztöne verbessern das Seherlebnis.
- **Streaming-Apps:** Laden Sie beliebte Video-Streaming-Apps wie Netflix, Amazon Prime Video und Disney+ herunter, um auf eine große Auswahl an Filmen, Fernsehsendungen und Dokumentationen zuzugreifen. Viele dieser Dienste bieten Inhalte in HD oder

4K an, die auf dem Display des Geräts umwerfend aussehen können.

- **Videoplayer:** Der integrierte Videoplayer unterstützt verschiedene Dateiformate, sodass Sie heruntergeladene Videos direkt von Ihrem Gerät abspielen können. Es umfasst häufig Funktionen wie Untertitelunterstützung, Steuerung der Wiedergabegeschwindigkeit und Bildschirmspiegelung auf kompatible Fernseher oder Monitore.

Gaming-Leistung

- **Leistungsstarker Prozessor:** Der MediaTek Dimensity 6080-Chipsatz sorgt in Kombination mit reichlich RAM für eine reibungslose Spieleleistung, selbst bei grafisch anspruchsvollen Spielen. Genießen Sie beliebte Titel wie PUBG Mobile, Call of Duty: Mobile und Asphalt 9 ohne nennenswerte Verzögerungen oder Frame-Einbrüche.
- **Spielmodus:** Aktivieren Sie, falls verfügbar, den Spielemodus des Geräts,

um die Leistung zu optimieren und Ablenkungen während Spielesitzungen zu minimieren. Diese Funktion kann die Spieleleistung priorisieren, Benachrichtigungen blockieren und schnellen Zugriff auf wertvolle Tools wie die Bildschirmaufzeichnung ermöglichen.

- **Kühlsystem:** Das Tecno Pova 6 Pro verfügt möglicherweise über ein Kühlsystem, um eine Überhitzung bei längeren Gaming-Sitzungen zu verhindern und eine konstante Leistung sicherzustellen.
- **Batterielebensdauer:** Mit einem großen 6000-mAh-Akku und Schnellladeunterstützung können Sie lange Gaming-Sessions genießen, ohne befürchten zu müssen, dass Ihnen der Strom ausgeht.

Tipps für ein verbessertes Multimedia-Erlebnis

- **Verwenden Sie einen guten Kopfhörer:** Für das beste Audioerlebnis, insbesondere beim

Musikhören oder Ansehen von Filmen, investieren Sie in einen hochwertigen Kopfhörer.
- **Anzeigeeinstellungen anpassen:** Passen Sie die Anzeigeeinstellungen an Ihre Vorlieben an, um ein angenehmeres Seherlebnis zu erzielen. Dies kann das Anpassen der Helligkeit, des Farbmodus und der Bildwiederholfrequenz umfassen.
- **Speicher verwalten:** Hochwertige Spiele und Offline-Videoinhalte können erheblichen Speicherplatz beanspruchen. Verwenden Sie eine microSD-Karte, um Ihren Speicher zu erweitern oder regelmäßig ungenutzte Apps und Dateien zu bereinigen.

Durch die Nutzung der Multimedia-Funktionen des Tecno Pova 6 Pro können Sie ein erstklassiges Unterhaltungserlebnis genießen, egal ob Sie Musik hören, Videos ansehen oder Spiele spielen. Die leistungsstarke Hardware und die durchdachten Softwarefunktionen des Geräts stellen sicher, dass Benutzer alles haben, was sie für einen ansprechenden und immersiven Multimedia-Konsum benötigen.

Konnektivität und Vernetzung

Wi-Fi, Bluetooth und mobile Daten

Das Tecno Pova 6 Pro 5G verfügt über verschiedene Konnektivitätsoptionen, um sicherzustellen, dass Benutzer in nahezu jeder Situation verbunden bleiben können. Ganz gleich, ob Sie eine Verbindung zum Internet herstellen, mit anderen Geräten koppeln oder mobile Datendienste nutzen – mit dem Tecno Pova 6 Pro 5G sind Sie bestens gerüstet. Hier finden Sie einen detaillierten Überblick über die Wi-Fi-, Bluetooth- und mobilen Datenfunktionen.

Wi-Fi-Konnektivität
- **WLAN-Standards:** Das Gerät unterstützt Wi-Fi 802.11 a/b/g/n/ac, das sowohl das 2,4-GHz- als auch das

5-GHz-Band für stabile und schnelle drahtlose Internetverbindungen umfasst.

- **Dualband-WLAN:** Dank der Dualband-Unterstützung können Benutzer je nach Bedarf und Netzwerkumgebung zwischen der breiteren Abdeckung von 2,4 GHz und den schnelleren Geschwindigkeiten von 5 GHz wechseln.

Bluetooth-Funktionen

- **Bluetooth-Version:** Das Tecno Pova 6 Pro 5G ist mit Bluetooth 5.3 ausgestattet, das im Vergleich zu früheren Versionen Verbesserungen bei Geschwindigkeit, Reichweite und Übertragungskapazität bietet.
- **Erweitertes Audio Verteilungsprofil (A2DP):** Dieses Bluetooth-Profil ermöglicht die drahtlose Übertragung von hochwertigem Audio, was sich ideal zum Musikhören oder zur Verwendung von Freisprechgeräten eignet.

- **Niedrigenergie (LE):** Bluetooth LE sorgt für einen effizienteren Stromverbrauch und eignet sich daher für den Einsatz mit einer Vielzahl von Peripheriegeräten, einschließlich Wearables und IoT-Geräten.

Mobile Daten- und Netzwerkunterstützung
- **Netzwerktechnologie:** Das Tecno Pova 6 Pro 5G unterstützt GSM-, HSPA-, LTE- und 5G-Netzwerke und gewährleistet so die Kompatibilität mit einer Vielzahl mobiler Netzwerktechnologien weltweit.
- **5G-Konnektivität:** Da die 5G-Bänder SA (Standalone) und NSA (Non-Standalone) unterstützt werden, kann das Gerät die neuesten 5G-Netzwerke für ultraschnelle mobile Datengeschwindigkeiten nutzen.
- **Dual-SIM-Fähigkeit:** Das Telefon verfügt über Dual-SIM (Nano-SIM, Dual-Standby), sodass Benutzer zwei verschiedene Telefonnummern oder

Dienstanbieter auf demselben Gerät haben können.

- **Mal:** Die Unterstützung von Voice over LTE (VoLTE) ermöglicht Sprachanrufe in höherer Qualität über das 4G LTE-Netzwerk.

Zusätzliche Konnektivitäts Optionen

- **NFC:** Near Field Communication (NFC) ermöglicht drahtlose Transaktionen, einfaches Koppeln mit kompatiblen Geräten und das Lesen von NFC-Tags.
- **Positionierungssysteme:** Das Gerät unterstützt verschiedene globale Positionierungssysteme wie GPS, GLONASS, GALILEO und BDS und gewährleistet so eine genaue Standortverfolgung und Navigation.
- **Infrarot-Anschluss:** Im Lieferumfang ist ein Infrarotanschluss enthalten, über den eine Vielzahl von Haushaltsgeräten wie Fernseher und Klimaanlagen gesteuert werden können.
- **USB Typ-C:** Für kabelgebundene Verbindungen und das Aufladen ist das

Tecno Pova 6 Pro 5G mit einem USB-Typ-C-2.0-Anschluss ausgestattet, der eine schnellere Datenübertragung und eine umkehrbare Steckerausrichtung bietet.

Die umfassenden Konnektivitätsfunktionen des Tecno Pova 6 Pro 5 G machen ihn vielseitig für Kommunikation, Unterhaltung und Produktivität. Mit seinen erweiterten Wi-Fi- und Bluetooth-Funktionen, der robusten Unterstützung mobiler Daten und zusätzlichen Konnektivitätsoptionen können Benutzer in verschiedenen Szenarien ein nahtloses und vernetztes Erlebnis genießen.

Einrichten von Hotspots und Tethering

Um Hotspots und Tethering auf dem Tecno Pova 6 Pro einzurichten, können Sie die folgenden allgemeinen Schritte ausführen, die auf den meisten Android-Geräten gleich sind:

Einrichten eines WLAN-Hotspots

1. Wischen Sie vom oberen Bildschirmrand nach unten, um auf das Schnelleinstellungsfeld zuzugreifen.
2. Suche nach „**Hotspot**" Symbol und tippen Sie darauf. Wenn es nicht sichtbar ist, tippen Sie auf "**Bearbeiten**" unten links und ziehen Sie die „**Hotspot**" Symbol in Ihren Schnelleinstellungen.
3. Sobald der Hotspot aktiviert ist, können Sie ihn durch Berühren und Halten des Hotspots konfigurieren „**Hotspot**" Symbol.
4. Sie können den WLAN-Hotspot einrichten, indem Sie auswählen „**WLAN-Hotspot einrichten.**" Sie können den Netzwerknamen, den Sicherheitstyp und das Passwort ändern.
5. Suchen Sie auf dem Gerät, mit dem Sie eine Verbindung herstellen möchten, nach verfügbaren WLAN-Netzwerken und wählen Sie den Hotspot-Namen Ihres Telefons aus.

6. Geben Sie das Passwort ein, das Sie für Ihren Hotspot eingerichtet haben, und stellen Sie eine Verbindung her.

Anbindung über USB

1. Verbinden Sie Ihr Tecno Pova 6 Pro über ein USB-Kabel, das die Datenübertragung ermöglicht, mit Ihrem Laptop oder PC – über das mit Ihrem Gerät gelieferte Kabel.
2. Möglicherweise wird auf Ihrem Telefon eine Benachrichtigung angezeigt. wählen **"Erlauben"** wenn Sie aufgefordert werden, den Zugriff auf Gerätedaten zu erlauben.
3. Gehe zu **"Einstellungen"** Tippen Sie auf Ihrem Telefon auf „**Netzwerk & Internet**" oder „**Wireless & Netzwerke**", dann auswählen „**Hotspot und Tethering."**
4. Schalten Sie ein"**USB Tethering**" Möglichkeit. Ihr Laptop sollte jetzt über die mobilen Daten Ihres Telefons mit dem Internet verbunden sein.

Anbindung über Bluetooth
1. Koppeln Sie Ihr Telefon mit dem anderen Gerät. Unter Windows 10 können Sie im Action Center oder zu den Bluetooth-Einstellungen gehen **„Einstellungen"** -> **„Geräte"** -> **„Bluetooth"**. Auf Macs finden Sie Bluetooth unter **„Systemeinstellungen"** -> **„Netzwerk"** -> **„Bluetooth"**.
2. Aktivieren Sie auf Ihrem Telefon Bluetooth und wählen Sie das gekoppelte Gerät aus.
3. Navigieren Sie zu Ihrem Telefon **"Tethering & mobiler Hotspot"** Menü aufrufen und einschalten **„Bluetooth-Tethering"**.
4. Verbinden Sie sich auf dem anderen Gerät mit dem Netzwerk Ihres Telefons, um die Datenverbindung Ihres Telefons zu nutzen.

Es ist wichtig zu beachten, dass einige Mobilfunkanbieter das Tethering einschränken oder zusätzliche Gebühren erheben können.

Daher ist es ratsam, sich vor der Nutzung dieser Funktionen bei Ihrem Mobilfunkanbieter zu erkundigen. Darüber hinaus können Probleme mit ausgegrautem USB-Tethering verschiedene Ursachen haben, z. B. die Notwendigkeit, Entwickleroptionen zu aktivieren, ein fehlerhaftes USB-Kabel oder falsche USB-Einstellungen am Telefon. Stellen Sie sicher, dass das USB-Kabel richtig angeschlossen ist und Sie den Zugriff auf Gerätedaten zugelassen haben, wenn Sie auf Ihrem Telefon dazu aufgefordert werden. Wenn Sie Bluetooth-Tethering verwenden, stellen Sie sicher, dass Ihre Bluetooth-Treiber auf dem neuesten Stand sind, falls Verbindungsprobleme auftreten.

Fehlerbehebung bei Verbindungsproblemen

Wenn beim Tecno Pova 6 Pro Verbindungsprobleme auftreten, können Sie verschiedene Schritte zur Fehlerbehebung unternehmen, um Probleme im Zusammenhang mit WLAN, Bluetooth, mobilen Daten und

Hotspot-Funktionalität zu beheben. Hier ist ein umfassender Leitfaden zur Behebung dieser Probleme:

Probleme mit der Wi-Fi-Konnektivität
Wenn beim Herstellen einer Verbindung zu Wi-Fi-Netzwerken Probleme auftreten, befolgen Sie diese Schritte:

1. **Flugmodus deaktivieren:** Stellen Sie sicher, dass der Flugmodus ausgeschaltet ist, da dadurch alle drahtlosen Verbindungen deaktiviert werden. Sie können WLAN auch dann wieder einschalten, wenn der Flugmodus aktiviert ist.
2. **Starten Sie Ihr Telefon neu:** Ein einfacher Neustart kann viele Verbindungsprobleme beheben. Drücken Sie lange auf den Netzschalter und tippen Sie auf **"Neu starten"** um Ihr Gerät neu zu starten.
3. **Stellen Sie die WLAN-Verbindung wieder her:** Versuchen„vergessen" das Wi-Fi-Netzwerk und stellt die

Verbindung wieder her. Gehe zu „Einstellungen" -> „Netzwerk & Internet" -> „WLAN" -> „Gespeichertes Netzwerk" Finden Sie Ihr Netzwerk, tippen Sie auf "Vergessen," und stellen Sie dann die Verbindung wieder her, indem Sie das Passwort eingeben.

4. **Überprüfen Sie den WLAN-Router:** Starten Sie Ihren Router neu, indem Sie ihn für einige Momente von der Stromquelle trennen. Wenn die Probleme weiterhin bestehen, sollten Sie den Router zurücksetzen.

5. **Netzwerkeinstellungen zurücksetzen:** Wenn das Problem weiterhin besteht, setzen Sie Ihre WLAN-, Mobil- und Bluetooth-Einstellungen zurück. Gehe zu "Einstellungen," Scrollen Sie nach unten zu "System," wählen "Optionen zurücksetzen," und tippen Sie auf „WLAN, Mobilfunk und Bluetooth zurücksetzen."

Probleme mit der Bluetooth-Verbindung
Bei Bluetooth-Problemen, z. B. Schwierigkeiten beim Koppeln oder Aufrechterhalten einer Verbindung:

1. **Bluetooth neu starten:** Schalten Sie Bluetooth im Bereich „**Schnelleinstellungen**" aus und wieder ein.
2. **Reparaturgeräte:** Entkoppeln Sie das Bluetooth-Gerät und koppeln Sie es erneut. Gehe zu „**Einstellungen**" -> „**Verbundene Geräte**" -> „**Bluetooth**" und suchen Sie das Gerät, das Sie entkoppeln möchten.
3. **Auf Hindernisse prüfen:** Stellen Sie sicher, dass keine physischen Hindernisse oder Störungen durch andere elektronische Geräte die Bluetooth-Verbindung beeinträchtigen können.

Probleme mit mobilen Daten

Wenn Sie Probleme mit mobilen Daten haben:

1. **Überprüfen Sie die Netzwerkeinstellungen:** Stellen Sie sicher, dass mobile Daten aktiviert sind und Ihr Mobilfunkanbieter über die richtigen APN-Einstellungen verfügt. Diese finden Sie unter **„Einstellungen"** -> „**Netzwerk & Internet**" -> „**Mobiles Netzwerk**" -> „**Zugangspunktnamen**".
2. **Starten Sie Ihr Telefon neu:** Wie bei WLAN-Problemen kann ein Neustart Ihres Telefons helfen, Probleme mit der mobilen Datenverbindung zu beheben.
3. **Überprüfen Sie die Netzabdeckung:** Stellen Sie sicher, dass Sie sich in einem Gebiet mit Netzabdeckung befinden. Wenn Sie sich am Rande einer Abdeckungszone befinden, versuchen Sie, sich an einen Ort mit einem stärkeren Signal zu begeben.

Hotspot-Probleme

Bei Problemen mit der Einrichtung oder Verbindung zu einem Hotspot:

1. **Überprüfen Sie die Hotspot-Einstellungen:** Stellen Sie sicher, dass der Hotspot aktiviert und ordnungsgemäß mit einem sicheren Passwort konfiguriert ist. Passen Sie die Einstellungen an „**Einstellungen**" -> „**Netzwerk & Internet**" -> „**Hotspot und Tethering**".
2. **Hotspot neu starten:** Deaktivieren Sie den Hotspot im Bereich „Schnelleinstellungen" und aktivieren Sie ihn erneut.
3. **Überprüfen Sie das Gerätelimit:** Einige Hotspots begrenzen die Anzahl der Geräte, die gleichzeitig eine Verbindung herstellen können. Stellen Sie sicher, dass Sie dieses Limit nicht überschritten haben.

Wenn Sie alle oben genannten Schritte ausprobiert haben und immer noch

Verbindungsprobleme auftreten, ist es möglicherweise an der Zeit, professionelle Hilfe in Anspruch zu nehmen. Bei Hardwareproblemen oder anhaltenden Softwareproblemen kann der Besuch eines Carlcare-Servicecenters, dem offiziellen Serviceanbieter für Tecno-Geräte, das nötige Fachwissen zur Diagnose und Behebung des Problems bieten.

Akkulaufzeit und Optimierung

Maximierung der Batterieleistung

Das Tecno Pova 6 Pro ist mit einem leistungsstarken 6000-mAh-Akku ausgestattet, der eine längere Nutzung zwischen den Ladevorgängen ermöglicht. Die Maximierung der Akkuleistung ist jedoch nach wie vor entscheidend, um sicherzustellen, dass das Gerät den Anforderungen des täglichen Gebrauchs gewachsen ist. Hier finden Sie Strategien zur Verlängerung und Optimierung der Akkulaufzeit Ihres Tecno Pova 6 Pro.

Batterieverbrauch verstehen

- **Überwachen Sie den Batterieverbrauch:** Überprüfen Sie regelmäßig, welche Apps und Dienste den meisten Akku verbrauchen

„Einstellungen" -> „Akku" -> „Akkuverbrauch". Dies kann Ihnen dabei helfen, stromhungrige Apps zu identifizieren und zu verwalten.

- **Batteriesparmodus:** Aktivieren Sie den integrierten Batteriesparmodus, um die Hintergrundaktivität zu reduzieren und Funktionen einzuschränken, die zusätzlichen Strom verbrauchen. Dieser Modus kann manuell eingeschaltet oder bei einem bestimmten Batterieprozentsatz automatisch aktiviert werden.

Anpassen der Einstellungen für eine längere Akkulaufzeit

- **Bildschirmhelligkeit:** Reduzieren Sie die Bildschirmhelligkeit oder aktivieren Sie die adaptive Helligkeit, um die Helligkeit an das Umgebungslicht anzupassen und so die Akkulaufzeit zu verlängern.
- **Bildschirm-Timeout:** Reduzieren Sie das Bildschirm-Timeout-Intervall, um das Display früher auszuschalten, wenn

das Telefon inaktiv ist. Diese Einstellung finden Sie unter „**Einstellungen**" -> „**Anzeige**" -> „**Ruhezustand**" oder „**Bildschirm-Timeout**".

- **Aktualisierungsrate:** Wenn Ihr Gerät über einen Bildschirm mit hoher Bildwiederholfrequenz verfügt, sollten Sie die Bildwiederholfrequenz verringern, um den Akku zu schonen. Diese Einstellung finden Sie unter „**Einstellungen**" -> „**Anzeige**" -> „**Erweitert**" oder „**Bildschirmaktualisierungsrate**".
- **Deaktivieren Sie nicht benötigte Funktionen:** Schalten Sie Bluetooth, GPS und WLAN aus, wenn Sie es nicht verwenden. Deaktivieren Sie außerdem die automatische Synchronisierung für Konten und Apps, die keine häufigen Updates erfordern.

App-Management zur Batterieschonung

- **Nicht verwendete Apps schließen:** Stellen Sie sicher, dass nicht verwendete Apps geschlossen sind, um zu

verhindern, dass sie im Hintergrund ausgeführt werden und den Akku entladen.
- **Apps aktualisieren:** Halten Sie Ihre Apps auf dem neuesten Stand, da Updates oft Optimierungen für eine bessere Akkuleistung beinhalten.
- **Nicht verwendete Apps deinstallieren:** Entfernen Sie Apps, die Sie nicht mehr verwenden, da diese weiterhin Prozesse im Hintergrund ausführen und Akkustrom verbrauchen können.

Wartung des Batteriezustands
- **Richtig aufladen:** Vermeiden Sie es, den Akku vollständig zu entladen. Im Allgemeinen ist es am besten, den Akku aufzuladen, wenn er unter 20 % fällt, und den Netzstecker zu ziehen, sobald er 80–90 % erreicht hat, um die Batteriegesundheit zu erhalten.
- **Vermeiden Sie extreme Temperaturen:** Schützen Sie Ihr Gerät vor extremer Hitze oder Kälte, da

extreme Temperaturen die Leistung und Lebensdauer des Akkus negativ beeinflussen können.

- **Original-Ladegerät verwenden:** Verwenden Sie das Original-Ladegerät, das mit Ihrem Gerät geliefert wurde, oder ein zertifiziertes Ersatzladegerät, um eine ordnungsgemäße Aufladung und einen ordnungsgemäßen Zustand des Akkus sicherzustellen.

Fortschrittliche Techniken zur Batterieoptimierung

- **Energiesparmodi:** Entdecken Sie erweiterte Energiesparmodi, die die Geräteleistung, Vibrationen und andere Funktionen begrenzen, um den Stromverbrauch zu senken.

- **Hintergrund Beschränkungen:** Beschränken Sie bei Apps, die nicht im Hintergrund ausgeführt werden müssen, deren Hintergrunddaten und Akkuverbrauch in den App-Einstellungen.

- **Geplantes Ein-/Ausschalten:** Stellen Sie Ihr Gerät so ein, dass es sich in Zeiten, in denen Sie es nicht verwenden, beispielsweise über Nacht, automatisch ausschaltet und vor dem Aufwachen wieder einschaltet.

Die Umsetzung dieser Strategien zur Akkuoptimierung kann die Akkulaufzeit Ihres Tecno Pova 6 Pro erheblich verlängern und sicherstellen, dass er den ganzen Tag über mit Strom versorgt bleibt. Die regelmäßige Überwachung und Anpassung Ihrer Akkunutzung und -einstellungen kann dazu beitragen, langfristig eine optimale Akkuleistung aufrechtzuerhalten.

Tipps für effizientes Laden

Es ist wichtig, Best Practices zu befolgen, um den 6000-mAh-Akku Ihres Tecno Pova 6 Pro gesund zu halten und effizient aufzuladen. Hier sind einige Tipps, die Ihnen helfen, Ihr Gerät effektiv aufzuladen und die Langlebigkeit des Akkus zu erhalten.

Verwenden Sie das richtige Ladegerät und Kabel

- **Original-Ladegerät:** Verwenden Sie immer das Original-Ladegerät und -Kabel, das mit Ihrem Tecno Pova 6 Pro geliefert wurde, oder einen zertifizierten Ersatz. Diese sind auf die spezifischen Ladeanforderungen Ihres Geräts abgestimmt.
- **Schnellladung:** Nutzen Sie die Schnellladefunktionen des Geräts, um den Akku schnell wieder aufzuladen. Häufiges Schnellladen kann jedoch mit der Zeit zu einem erhöhten Akkuverschleiß führen.

Optimieren Sie Ihr Ladeverhalten

- **Teilkosten:** Anstatt den Akku jedes Mal zu 100 % aufzuladen, sollten Sie kürzere, häufigere Ladevorgänge in Betracht ziehen. Dies kann dazu beitragen, die Belastung der Batterie zu verringern und ihre Lebensdauer zu verlängern.
- **Vermeiden Sie das Aufladen über Nacht:** Das Aufladen Ihres Geräts über

Nacht kann zu einer Überladung führen, auch wenn die meisten modernen Smartphones darauf ausgelegt sind, dies zu verhindern. Es empfiehlt sich immer noch, das Gerät nach dem vollständigen Aufladen vom Stromnetz zu trennen.

- **Aufladen, bevor es zu niedrig ist:** Versuchen Sie, Ihr Gerät anzuschließen, wenn der Akkuladestand auf etwa 20–30 % sinkt. Eine regelmäßige vollständige Entladung der Batterie kann gesundheitsschädlich sein.

Sorgen Sie für den Zustand der Batterie und des Geräts

- **Bleib cool:** Wenn Sie Ihr Gerät in einer kühlen Umgebung aufladen, kann eine Überhitzung verhindert werden, die sich negativ auf die Gesundheit des Akkus auswirkt. Entfernen Sie die Hülle, wenn es während des Ladevorgangs zu warm wird.
- **Ladegeschwindigkeit überwachen:** Wenn Ihr Gerät langsamer als gewöhnlich lädt, überprüfen Sie den

Ladeanschluss, das Kabel und den Adapter auf Schäden oder Fremdkörper, die das Problem verursachen könnten.

- **Batteriekalibrierung:** Wenn Sie unregelmäßige Batterieprozentwerte bemerken, kalibrieren Sie die Batterie, indem Sie sie auf 0 % entladen und dann ununterbrochen auf 100 % aufladen.

Nutzen Sie intelligente Ladefunktionen
- **Geplantes Laden:** Einige Geräte bieten geplante Ladeoptionen, um zu steuern, wann das Gerät aufgeladen wird. Dies kann bei der Verwaltung des Ladevorgangs über Nacht hilfreich sein.
- **Optimiertes Laden:** Suchen Sie nach Einstellungen, die das Laden des Akkus optimieren, indem Sie Ihr Nutzungsverhalten lernen und die Ladegeschwindigkeit steuern, um den Akkuverschleiß zu reduzieren.

Software-Updates und Einstellungen
- **Aktualisieren Sie Ihr Gerät:** Halten Sie Ihr Gerät mit der neuesten Firmware

auf dem neuesten Stand, da Updates Verbesserungen der Ladealgorithmen und des Batteriemanagements beinhalten können.

- **Nach Apps suchen:** Wenn Ihr Gerät langsam lädt, prüfen Sie, ob Hintergrund-Apps möglicherweise Strom verbrauchen. Schließen Sie nicht benötigte Apps, bevor Sie das Gerät aufladen.

Wenn Sie diese Tipps befolgen, können Sie Ihr Tecno Pova 6 Pro effizienter aufladen und dazu beitragen, dass der Akku während der gesamten Lebensdauer des Geräts in gutem Zustand bleibt. Richtige Ladegewohnheiten sowie geeignetes Zubehör und Einstellungen können die Akkuleistung und Langlebigkeit Ihres Smartphones erheblich verbessern.

Techniken zum Batterie Sparen

Um die Akkulaufzeit Ihres Tecno Pova 6 Pro zu verlängern, ist die Implementierung von Techniken zum Energiesparen unerlässlich. Mithilfe dieser Strategien können Sie den

6000-mAh-Akku Ihres Geräts optimal nutzen und sicherstellen, dass er zwischen den Ladevorgängen so lange wie möglich durchhält. Hier sind einige effektive Methoden, um Batteriestrom zu sparen:

Passen Sie die Anzeigeeinstellungen an
- **Geringere Bildschirmhelligkeit:** Durch Reduzieren der Helligkeit Ihres Bildschirms kann der Batterieverbrauch erheblich gesenkt werden. Verwenden Sie den Helligkeitsregler im Bereich „Schnelleinstellungen", um die Helligkeit manuell anzupassen, oder aktivieren Sie die adaptive Helligkeit für automatische Anpassungen basierend auf dem Umgebungslicht.
- **Bildschirm-Timeout reduzieren:** Stellen Sie eine kürzere Dauer ein, damit sich Ihr Bildschirm bei Inaktivität automatisch ausschaltet. Finden Sie diese Option in **„Einstellungen"** -> **„Anzeige"** -> **„Ruhezustand"** oder **„Bildschirm-Timeout".**

- **Aktualisierungsrate begrenzen:** Wenn Ihr Gerät über eine Anzeige mit hoher Bildwiederholfrequenz verfügt, sollten Sie erwägen, diese auf eine niedrigere Rate einzustellen, um die Akkulaufzeit zu verlängern, insbesondere wenn Sie die zusätzliche Bildwiederholfrequenz nicht für alltägliche Aufgaben benötigen.

Konnektivität verwalten
- **WLAN und Bluetooth ausschalten:** Deaktivieren Sie bei Nichtgebrauch WLAN und Bluetooth, um zu verhindern, dass sie nach Netzwerken oder Geräten suchen und dadurch den Akku entladen.
- **GPS deaktivieren:** Ortungsdienste können den Akku erheblich belasten. Schalten Sie GPS aus oder ändern Sie den Standortmodus auf „Batteriesparen", wenn eine genaue Standortverfolgung nicht erforderlich ist.
- **Flugzeugmodus verwenden:** In Gebieten mit schlechtem Empfang verbraucht Ihr Telefon möglicherweise

mehr Strom, um eine Verbindung aufrechtzuerhalten. Wechseln Sie in den Flugmodus, um die gesamte drahtlose Kommunikation zu beenden und Batterie zu sparen.

Optimieren Sie die App-Nutzung
- **Nicht verwendete Apps schließen:** Stellen Sie sicher, dass Apps nicht unnötig im Hintergrund ausgeführt werden. Benutzen Sie die „**Neueste Apps**" Klicken Sie auf die Schaltfläche, um Apps zu schließen, die Sie derzeit nicht verwenden.
- **Apps aktualisieren:** Halten Sie Ihre Apps auf dem neuesten Stand, da Entwickler häufig neuere Versionen für eine bessere Akkueffizienz optimieren.
- **Überprüfen Sie die App-Berechtigungen:** Beschränken Sie die Berechtigungen für Apps für den Zugriff auf Hardwarefunktionen wie die Kamera oder das GPS, die zusätzlichen Strom verbrauchen können.

Nutzen Sie Energiesparmodi
- **Batteriesparmodus:** Die meisten Android-Geräte, einschließlich des Tecno Pova 6 Pro, verfügen über einen Energiesparmodus, der die Hintergrundaktivität reduziert und Funktionen einschränkt, um die Batterielebensdauer zu verlängern. Sie können diesen Modus manuell oder automatisch bei einem bestimmten Batterie Prozentsatz aktivieren.
- **Ultra-Energiesparmodus:** Einige Geräte bieten einen Ultra-Energiesparmodus, der das Telefon auf wesentliche Funktionen wie Anrufe und Nachrichten beschränkt, was zur Maximierung der Akkulaufzeit beitragen kann.

Systemeinstellungen und Funktionen
- **Animationen deaktivieren:** Das Reduzieren oder Ausschalten von Animationen kann die Akkulaufzeit verlängern. Greifen Sie auf Entwickleroptionen zu, indem Sie auf die

Build-Nummer tippen „**Einstellungen**" -> „**Über das Telefon**" mehrmals, gehen Sie dann zu „Entwickleroptionen" und reduzieren oder deaktivieren Sie Animationen.

- **Begrenzung der Hintergrunddaten:** Einige Apps nutzen Daten im Hintergrund, was den Akku entladen kann. Beschränken Sie die Hintergrunddatennutzung für einzelne Apps in „**Einstellungen**" -> „**Apps & Benachrichtigungen**" -> „**App-Info**".

- **Geplantes Ein-/Ausschalten:** Stellen Sie Ihr Gerät so ein, dass es sich in Zeiten, in denen Sie es nicht verwenden, beispielsweise über Nacht, automatisch ausschaltet und vor dem Aufwachen wieder einschaltet.

Routinewartung

- **Starten Sie Ihr Gerät neu:** Gelegentlich kann ein Neustart Ihres Geräts dazu beitragen, unnötige Prozesse zu schließen, die möglicherweise

ausgeführt werden und Akkustrom verbrauchen.
- **Halten Sie Ihr Telefon kühl:** Übermäßige Hitze kann die Leistung Ihres Akkus beeinträchtigen. Lassen Sie Ihr Telefon nicht in heißen Umgebungen liegen, beispielsweise an einem sonnigen Tag auf dem Armaturenbrett eines Autos.

Indem Sie diese Batteriespartechniken in Ihren täglichen Gebrauch integrieren, können Sie die Batterielebensdauer Ihres Tecno Pova 6 Pro erheblich verbessern. Durch die regelmäßige Überwachung Ihres Akkuverbrauchs und die Anpassung der Einstellungen können Sie sicherstellen, dass Ihr Gerät länger mit Strom versorgt bleibt.

Erweiterte Funktionen

Multitasking und Split-Screen-Modus

Das Tecno Pova 6 Pro verbessert die Multitasking-Fähigkeiten durch seinen Split-Screen-Modus, der es Benutzern ermöglicht, zwei Apps gleichzeitig auf demselben Bildschirm auszuführen. Diese Funktion ist praktisch für diejenigen, die ihre Produktivität steigern oder Unterhaltung genießen möchten, während sie sich einer anderen Aufgabe widmen. Hier erfahren Sie, wie Sie den Multitasking- und Split-Screen-Modus auf dem Tecno Pova 6 Pro nutzen.

So verwenden Sie den Split-Screen-Modus
   1. **Zugriff auf aktuelle Apps:** Um den Split-Screen-Modus nutzen zu können,

müssen Sie auf Ihre letzten Apps zugreifen. Sie können dies tun, indem Sie die quadratische Schaltfläche in Ihrer Navigationsleiste drücken oder indem Sie vom unteren Bildschirmrand nach oben wischen und sie gedrückt halten.

2. **Wählen Sie die erste App aus:** Suchen Sie in der Ansicht „**Letzte Apps**" in der oberen Hälfte Ihres Bildschirms nach der App, die Sie verwenden möchten. Suchen Sie auf der Miniaturansicht der App nach dem Symbol für den geteilten Bildschirm, das normalerweise durch zwei Rechtecke oder Linien dargestellt wird.

3. **Split-Screen aktivieren:** Tippen Sie auf das Split-Screen-Symbol in der Miniaturansicht der App. Dadurch wird die App in der oberen Hälfte Ihres Bildschirms angeheftet.

4. **Wählen Sie die zweite App:** Nachdem die erste App installiert ist, werden darunter die restlichen zuletzt geöffneten Apps angezeigt. Scrollen Sie durch diese Apps und wählen Sie die zweite aus, die

Sie verwenden möchten. Wenn sich die gewünschte App nicht in der Liste der zuletzt verwendeten Apps befindet, können Sie die Home-Taste drücken und die App aus Ihrer App-Schublade auswählen.

5. **Passen Sie die Aufteilung an:** Bei einigen Apps wie YouTube können Sie die Größe des von ihnen belegten Bildschirmplatzes anpassen. Sie können dies tun, indem Sie den kleinen Balken, der die beiden Apps trennt, nach oben oder unten ziehen.

Verlassen des Split-Screen-Modus

Um den geteilten Bildschirmmodus zu verlassen, ziehen Sie den kleinen schwarzen Balken, der die beiden Apps trennt, in Richtung der App, die Sie schließen möchten. Durch Ziehen nach unten wird die untere App geschlossen, durch Ziehen nach oben wird die obere App geschlossen.

Kompatibilität und Einschränkungen

Es ist wichtig zu beachten, dass nicht alle Apps den Split-Screen-Modus unterstützen. Einige Apps, insbesondere Spiele, die die Nutzung im Vollbildmodus erfordern, wie die Kamera-App, sind möglicherweise nicht für Multitasking mit geteiltem Bildschirm verfügbar. Bei den Apps, die dies unterstützen, sind im Split-Screen-Modus nicht alle Funktionen voll funktionsfähig.

Multitasking verbessern

Das große Display des Tecno Pova 6 Pro und die Möglichkeit, den Arbeitsspeicher über MemFusion auf bis zu 24 GB zu erweitern, bieten eine robuste Umgebung für Multitasking. Die Split-Screen-Funktion wird durch den leistungsstarken MediaTek Dimensity 6080-Prozessor des Geräts ergänzt und sorgt so für einen reibungslosen Betrieb auch bei der Ausführung mehrerer Apps.

Sie können Ihre Produktivität oder Unterhaltungsoptionen effektiv verdoppeln, indem Sie den geteilten Bildschirmmodus des

Tecno Pova 6 Pro nutzen. Ganz gleich, ob Sie Ihre sozialen Medien im Auge behalten, während Sie im Internet surfen, oder ein Video ansehen, während Sie sich Notizen machen, der Split-Screen-Modus ist ein wertvolles Tool für moderne Smartphone-Benutzer.

Sicherheits- und Datenschutzeinstellungen

Das Tecno Pova 6 Pro bietet eine Reihe von Sicherheits- und Datenschutzeinstellungen, um Ihre Daten zu schützen und die Kontrolle über Ihre persönlichen Daten zu behalten. Diese Funktionen sind in einer Zeit, in der digitale Sicherheit an erster Stelle steht, von entscheidender Bedeutung. Hier erfahren Sie, wie Sie durch diese Einstellungen navigieren und sie nutzen, um sicherzustellen, dass Ihr Gerät und Ihre Daten sicher bleiben.

Einrichten einer Bildschirmsperre

- **PIN, Muster oder Passwort:** Gehe zu „Einstellungen" -> „Sicherheit" -> „Bildschirmsperre", um eine PIN, ein Muster oder ein Passwort einzurichten,

das zum Entsperren Ihres Geräts eingegeben werden muss.
- **Biometrie:** Wenn Ihr Gerät biometrische Sicherheitsfunktionen wie das Scannen von Fingerabdrücken oder die Gesichtserkennung unterstützt, können Sie diese im selben Menü „Sicherheit" einrichten. Diese Methoden bieten eine bequeme und sichere Möglichkeit, Ihr Telefon zu entsperren.

Verwalten der Fingerabdruck Sicherheit
- **Fingerabdruck registrieren:** Registrieren Sie einen oder mehrere Fingerabdrücke, indem Sie den Anweisungen auf dem Bildschirm folgen „**Einstellungen**" -> „**Sicherheit**" -> „**Fingerabdruck**". Stellen Sie sicher, dass Ihre Finger sauber und trocken sind, um die besten Ergebnisse zu erzielen.
- **Entsperren per Fingerabdruck:** Nach der Registrierung können Sie Ihren Fingerabdruck verwenden, um Ihr Gerät zu entsperren, Transaktionen zu

autorisieren und sich bei bestimmten Apps anzumelden.

- **App-Sperre:** Bei einigen Geräten können Sie Ihren Fingerabdruck verwenden, um bestimmte Apps für mehr Privatsphäre zu sperren.

Gesichtserkennung

- **Face Unlock einrichten:** Falls verfügbar, können Sie die Gesichtserkennung einrichten „**Einstellungen**" -> „**Sicherheit**". Diese Funktion nutzt die nach vorne gerichtete Kamera, um Ihr Gesicht zu erkennen und Ihr Gerät zu entsperren.

- **Aufmerksamkeit Bewusstsein:** Für zusätzliche Sicherheit verfügen einige Geräte über eine Option, die zum Entsperren mit Gesichtserkennung erfordert, dass Ihre Augen geöffnet sind und Sie auf den Bildschirm schauen müssen.

Datenschutzeinstellungen

- **App-Berechtigungen:** Steuern Sie, welche Apps auf vertrauliche Daten wie Ihren Standort, Ihre Kamera und Ihre Kontakte zugreifen können. Überprüfen Sie die Berechtigungen, indem Sie zu gehen „**Einstellungen**" -> „**Apps & Benachrichtigungen**" -> „**App-Berechtigungen**" klicken.
- **Standortdienste:** Verwalten Sie die Standorteinstellungen für mehr Privatsphäre. Sie können Ortungsdienste vollständig deaktivieren oder sie nur zulassen, während Sie bestimmte Apps verwenden.
- **Google-Datenschutzeinstellungen:** Sie können auf die Datenschutzeinstellungen Ihres Google-Kontos zugreifen, um Aktivitätsverfolgung, Anzeigenpersonalisierung und mehr zu verwalten.

Finden Sie mein Gerät
- **Aktivieren Sie „Mein Gerät suchen":** Mit dieser Funktion können Sie Ihr Gerät lokalisieren, sperren oder löschen, wenn es verloren geht oder gestohlen wird. Stellen Sie sicher, dass es aktiviert ist: „**Einstellungen**" -> „**Sicherheit**" -> „**Mein Gerät suchen**".

Sicherheitsupdates und Patches
- **Systemaktualisierung:** Suchen Sie regelmäßig nach Systemaktualisierungen, die wichtige Sicherheitspatches enthalten können, und installieren Sie diese. Aktualisierungen finden Sie unter „**Einstellungen**" -> „**System**" -> „**Systemaktualisierung**".

Zusätzliche Sicherheitstipps
- **Sicheres WLAN:** Nutzen Sie sichere Wi-Fi-Netzwerke und vermeiden Sie öffentliche oder ungesicherte Verbindungen für sensible Aktivitäten.

Erwägen Sie die Verwendung eines VPN für zusätzliche Sicherheit.
- **Backup-Daten:** Sichern Sie wichtige Daten regelmäßig in der Cloud oder auf einem externen Speichergerät. Dadurch wird sichergestellt, dass Sie Ihre Daten wiederherstellen können, wenn Ihr Gerät kompromittiert wird.
- **Sicherheits-Apps:** Erwägen Sie die Installation seriöser Sicherheits-Apps, die zusätzliche Funktionen wie Malware-Scans, Remote-Löschungen und mehr bieten.

Durch die ordnungsgemäße Konfiguration der Sicherheits- und Datenschutzeinstellungen auf Ihrem Tecno Pova 6 Pro können Sie Ihr Gerät vor unbefugtem Zugriff schützen und Ihre persönlichen Daten vor Gefährdung schützen. Durch die regelmäßige Überprüfung und Aktualisierung dieser Einstellungen können Sie ein hohes Maß an Sicherheit aufrechterhalten, wenn neue Bedrohungen auftauchen und Software-Updates veröffentlicht werden.

Verborgene Funktionen freischalten

Wie viele Smartphones verfügt auch das Tecno Pova 6 Pro über verschiedene Funktionen, deren Verwendung für Benutzer möglicherweise erst nach einiger Zeit erkannt wird. Diese versteckten Funktionen können Ihr Erlebnis verbessern und zusätzliche Funktionen bieten. So entsperren Sie einige dieser Funktionen auf Ihrem Gerät:

Zugriff auf intelligente Funktionen

- **KI-Assistent:** Unter den Einstellungen gibt es eine Funktion namens AI Assistant innerhalb intelligenter Szenen. Dadurch können Sie verschiedene intelligente Funktionen wie Benachrichtigungen für Zahlungen, Schlaferinnerungen, Wetteraktualisierungen und Ereignisverfolgung von Paketen aktivieren.

Nutzung des digitalen Assistenten

- **Sie:** Das Tecno Pova 6 Pro wird mit einer digitalen Assistentin namens Ella geliefert, die bei Aufgaben wie Telefonieren, Musik abspielen und sogar bei der Unterstützung von Übersetzungen in verschiedenen Apps behilflich sein kann. Um Ella zu verwenden, aktivieren Sie den Assistenten und fragen Sie nach der Aufgabe, bei der Sie Hilfe benötigen, z *„Spiel mir Musik, Ella."*

Anpassen von LED-Benachrichtigungen

- **Mini-LEDs:** Das Gerät verfügt im Kameramodul über eine Reihe von Mini-LEDs, die eingehende Anrufe und Benachrichtigungen aktivieren und den Ladezustand des Akkus anzeigen. Diese LEDs sind zwar nicht so anpassbar wie andere Geräte, verleihen Ihrem Telefon jedoch ein einzigartiges visuelles Element und können für zusätzliche Effekte mit bestimmten Spielen verknüpft werden.

Erkunden der Kamerafunktionen

- **Kameratricks:** Die Kamera-App des Tecno Pova 6 Pro enthält wahrscheinlich versteckte Funktionen und Modi, auf die Sie zugreifen können, indem Sie die Einstellungen der App erkunden. Suchen Sie nach Optionen zum Aktivieren erweiterter Aufnahmemodi, Filter und Effekte.

System-Apps entdecken
- **Versteckte System-Apps:** Einige System-Apps sind möglicherweise nicht in der App-Schublade sichtbar, können aber zusätzliche Funktionen bieten. Sie können diese Apps finden, indem Sie das Einstellungsmenü erkunden oder einen Launcher eines Drittanbieters verwenden, der alle installierten Anwendungen anzeigt.

Tipps zum Auffinden weiterer versteckter Funktionen
- **Konsultieren Sie das Benutzerhandbuch:** Das Benutzerhandbuch enthält häufig detaillierte Informationen zu den

Funktionen Ihres Telefons, auch zu weniger offensichtlichen.

- **Online-Recherche:** Wenn Sie online nach versteckten Funktionen Ihres Telefonmodells oder Betriebssystems suchen, können Sie eine Fülle von Informationen aufdecken.
- **Experimentieren Sie mit den Einstellungen:** Erkunden Sie die verschiedenen Menüs und Einstellungen Ihres Telefons. Möglicherweise finden Sie zusätzliche Funktionen und Optionen, die Ihr Benutzererlebnis verbessern können.

Wenn Sie Ihr Tecno Pova 6 Pro erkunden, können Sie eine Reihe versteckter Funktionen freischalten, die Ihre Produktivität steigern, Ihr Erlebnis individuell gestalten und Ihr Gerät angenehmer machen können. Gehen Sie bei Änderungen immer vorsichtig vor, insbesondere wenn es um Systemeinstellungen oder Funktionen geht, die sich auf die Leistung oder Sicherheit des Geräts auswirken könnten.

Fehlerbehebung und Support

Häufige Probleme und Lösungen

Wie bei jedem Smartphone können auch beim Tecno Pova 6 Pro häufige Probleme auftreten, die Benutzer beheben müssen. Hier sind einige der identifizierten Probleme sowie mögliche Lösungen:

Ladeprobleme

Wenn Ihr Tecno Pova 6 Pro nicht richtig aufgeladen wird, ziehen Sie die folgenden Methoden in Betracht:

- **Wechseln Sie die Stromquelle:** Versuchen Sie es mit einer anderen Stromquelle, um zu prüfen, ob das Problem an der Steckdose, dem Verlängerungskabel oder dem Adapter liegt.

- **Wechseln Sie Ihr USB-Kabel:** Überprüfen Sie Ihr USB-Kabel auf Beschädigungen und versuchen Sie es mit einem anderen, um festzustellen, ob das Kabel das Problem ist.
- **Überprüfen Sie den Ladeadapter:** Verwenden Sie einen anderen Wandadapter, um festzustellen, ob der Adapter fehlerhaft ist.
- **Apps deinstallieren:** Überprüfen und deinstallieren Sie alle kürzlich heruntergeladenen Apps, die das Ladeproblem verursachen könnten.
- **Starte dein Gerät neu:** Ein einfacher Neustart kann manchmal Ladeprobleme lösen.
- **Telefonsoftware aktualisieren oder Telefon zurücksetzen:** Suchen Sie nach Systemaktualisierungen oder führen Sie bei Bedarf einen Werksreset durch. Denken Sie jedoch daran, zuerst Ihre Daten zu sichern.
- **Besuchen Sie das Carlcare Service Center:** Wenn Sie Hardwareprobleme

vermuten, beispielsweise einen fehlerhaften Ladeanschluss, wenden Sie sich an ein autorisiertes Servicecenter.

Anrufprobleme

Bei Problemen im Zusammenhang mit Anrufen auf dem Tecno Pova 6 Pro:

- **Netzwerksignal prüfen:** Stellen Sie sicher, dass Sie über ein starkes Netzwerksignal verfügen. Wenn das Signal schwach ist, versuchen Sie, sich an einen Ort mit besserem Empfang zu begeben.
- **Starten Sie Ihr Telefon neu:** Ein Neustart kann manchmal anrufbezogene Probleme beheben.
- **Überprüfen Sie die Anrufeinstellungen:** Überprüfen Sie Ihre Anrufeinstellungen, um sicherzustellen, dass die Anrufweiterleitung oder -blockierung nicht unbeabsichtigt aktiviert wird.

Problem mit Aufhängen und Neustarten
Wenn Ihr Gerät hängt oder unerwartet neu startet:

- **Hintergrund-Apps schließen:** Zu viele Apps, die im Hintergrund ausgeführt werden, können dazu führen, dass das Telefon hängen bleibt. Schließen Sie Apps, die nicht verwendet werden.
- **Cache leeren:** Leeren Sie den Cache häufig verwendeter Apps, um Speicherplatz freizugeben.
- **Software-Aktualisierung:** Stellen Sie sicher, dass die Software Ihres Geräts auf dem neuesten Stand ist, da Updates Leistungsprobleme beheben können.

Heizungsproblem
So beheben Sie Überhitzungsprobleme:

- **Vermeiden Sie eine längere Nutzung:** Gönnen Sie Ihrem Gerät eine Pause, wenn Sie es über einen längeren Zeitraum verwenden, insbesondere für Hochleistungs Aufgaben wie Spiele.

- **Entfernen Sie das Gehäuse:** Entfernen Sie die Hülle des Telefons, um die Wärme besser abzuleiten.
- **Auf fehlerhafte Apps prüfen:** Einige Apps können zu einer Überhitzung des Telefons führen. Suchen Sie nach Apps mit hohem Akkuverbrauch und erwägen Sie deren Deinstallation.

Kein Medienlautstärke- oder Audioproblem

Wenn Sie Audioprobleme haben:

- **Überprüfen Sie die Lautstärkeeinstellungen:** Stellen Sie sicher, dass die Medienlautstärke nicht stummgeschaltet oder zu niedrig ist.
- **Starten Sie Ihr Gerät neu:** Ein einfacher Neustart kann manchmal Audioprobleme beheben.
- **Auf Hindernisse prüfen:** Stellen Sie sicher, dass die Lautsprechergitter nicht blockiert oder verschmutzt sind.

Hotspot-Problem

Bei Problemen mit der Hotspot-Funktion:

- **Überprüfen Sie die Hotspot-Einstellungen:** Stellen Sie sicher, dass der Hotspot korrekt mit einem sicheren Passwort eingerichtet ist und dass Ihr Datentarif die Hotspot-Nutzung unterstützt.
- **Hotspot neu starten:** Schalten Sie die Hotspot-Funktion aus und dann wieder ein.
- **Suchen Sie nach Systemaktualisierungen:** Ein veraltetes System kann Hotspot-Probleme verursachen. Stellen Sie daher sicher, dass die Software Ihres Geräts aktuell ist.

USB-Problem

Wenn der USB nicht erkannt wird:

- **Überprüfen Sie das USB-Kabel:** Verwenden Sie ein anderes USB-Kabel, um festzustellen, ob das Problem am Kabel liegt.

- **Reinigen Sie den USB-Anschluss:** Staub oder Schmutz im USB-Anschluss können eine ordnungsgemäße Verbindung verhindern. Reinigen Sie den Anschluss sorgfältig mit einem kleinen, nicht leitenden Werkzeug.
- **Starten Sie Ihr Gerät neu:** Durch einen Neustart Ihres Telefons können manchmal USB-Erkennungsprobleme behoben werden.

Bei der Behebung dieser Probleme ist es wichtig, jeden Schritt methodisch anzugehen und Änderungen zu vermeiden, die die Situation weiter verkomplizieren könnten. Wenn das Problem nach dem Ausprobieren dieser Lösungen weiterhin besteht, kann es erforderlich sein, professionelle Hilfe von einem autorisierten Servicecenter wie Carlcare in Anspruch zu nehmen.

Kontaktaufnahme mit dem Kundendienst

Wenn Sie Probleme mit Ihrem Tecno Pova 6 Pro haben, die Sie nicht durch Fehlerbehebung lösen können, ist die Kontaktaufnahme mit dem Kundendienst der nächste Schritt. Tecno bietet verschiedene Kanäle, über die Kunden Hilfe anfordern können, um sicherzustellen, dass Sie die Hilfe erhalten, die Sie für Ihr Gerät benötigen. So können Sie den Tecno-Kundendienst effektiv kontaktieren:

Offizielle Website
- **Support-Seite:** Besuchen Sie die offizielle Tecno-Website und navigieren Sie zur Support- oder Kontaktseite. Hier finden Sie FAQs, Benutzerhandbücher und Kontaktinformationen.
- **Service-Center-Suche:** Nutzen Sie die Service-Center-Suchfunktion auf der Website, um das nächstgelegene autorisierte Service-Center zu finden und professionelle Hilfe zu erhalten.

Email Unterstützung
- **E-Mail-Adresse:** Tecno stellt häufig eine Support-E-Mail-Adresse bereit, an die Sie detaillierte Beschreibungen Ihres Problems sowie alle relevanten

Screenshots oder Dokumentationen senden können. Überprüfen Sie die offizielle Website oder die Dokumentation Ihres Geräts auf die richtige E-Mail-Adresse.

Telefonsupport

- **Hotline-Nummer:** Tecno bietet Kundendienst-Hotlines in verschiedenen Regionen an. Suchen Sie auf der offiziellen Website oder auf dem Verpackungsmaterial des Geräts nach der für Ihr Land spezifischen Hotline-Nummer. Bereiten Sie sich darauf vor, Ihr Problem klar zu beschreiben und alle erforderlichen Geräteinformationen bereitzustellen.

Sozialen Medien

- **Social-Media-Plattformen:** Tecno ist auf mehreren Social-Media-Plattformen aktiv, darunter Facebook, Twitter und Instagram. Sie können sich mit Ihren Fragen an deren offizielle Konten wenden. Soziale Medien können bei schnellen Fragen oder bei der Suche nach Rat in der Community hilfreich sein.

Live-Chat

- **Online-Chat-Dienste:** Einige Regionen bieten möglicherweise Live-Chat-Support über die offizielle Tecno-Website an. Mit dieser Option können Sie in Echtzeit mit einem Kundendienstmitarbeiter chatten, der Ihnen bei Ihren Anfragen behilflich sein kann.

Carlcare-App

- **Carlcare Service-App:** Tecno-Benutzer können die Carlcare-App herunterladen, die offizielle Kundendienst Anwendung. Mit dieser App können Sie Servicetermine buchen, mit dem Kundensupport chatten und Servicezentren finden.

Vorbereitung auf den Support

Um einen reibungslosen Support zu gewährleisten, bereiten Sie die folgenden Informationen vor, bevor Sie sich an den Kundensupport wenden:

- **Gerätemodell:** Kennen Sie das genaue Modell Ihres Tecno Pova 6 Pro.
- **Seriennummer oder IMEI:** Halten Sie die Seriennummer oder IMEI Ihres Geräts bereit, da der Support diese möglicherweise zur Überprüfung des Garantiestatus Ihres Geräts oder zu Identifikationszwecken benötigt.
- **Beschreibung des Problems:** Seien Sie bereit, das aufgetretene Problem ausführlich zu beschreiben, einschließlich aller Schritte, die Sie bereits unternommen haben, um es zu beheben.
- **Kaufbeleg:** Wenn Ihr Problem unter die Garantie fällt, halten Sie Ihren Kaufbeleg bereit.

Indem Sie diese Kanäle nutzen und Ihre Informationen im Voraus vorbereiten, können Sie sicherstellen, dass Ihre Erfahrung mit dem Tecno-Kundensupport so effizient und hilfreich wie möglich ist.

Garantieinformationen

Das Verständnis der Garantie für Ihr Tecno Pova 6 Pro ist wichtig, falls Probleme auftreten, die eine Reparatur oder Wartung erfordern. Die Garantiebedingungen können je nach Region und Händler variieren. Hier sind jedoch einige allgemeine Punkte zu Garantieinformationen für Tecno-Geräte:

Standard-Garantieabdeckung

- **Dauer:** Tecno bietet in der Regel eine 12-monatige Standardgarantie für seine Smartphones ab Kaufdatum.
- **Einschlüsse:** Die Garantie deckt Herstellungsfehler und Hardwarefehlfunktionen unter normalen Nutzungsbedingungen ab. Dazu können Probleme mit der Leistung des Geräts, dem Akku, der Kamera, dem Display und anderen internen Komponenten gehören.
- **Ausschlüsse:** Die Garantie deckt im Allgemeinen keine Schäden ab, die durch Unfälle, Missbrauch, unbefugte Reparaturen, Modifikationen oder

normale Abnutzung entstehen. Auch Probleme, die durch Softwareänderungen oder Anwendungen Dritter verursacht werden, können ausgeschlossen werden.

Inanspruchnahme von Garantieleistungen

- **Kaufbeleg:** Um Garantieleistungen in Anspruch zu nehmen, müssen Sie einen Kaufbeleg vorlegen, z. B. eine Quittung oder Rechnung, aus der das Kaufdatum und der Händler hervorgehen.
- **Servicezentren:** Garantieansprüche werden in der Regel über autorisierte Servicezentren bearbeitet. Sie können das nächstgelegene Servicecenter über die Carlcare-App finden oder die offizielle Website von Tecno besuchen.
- **Garantiereparatur:** Wenn ein von der Garantie abgedeckter Defekt bestätigt wird, repariert oder ersetzt Tecno das Gerät oder das defekte Teil ohne zusätzliche Kosten.
- **Service außerhalb der Garantie:** Wenn die Garantie für Ihr Gerät

abgelaufen ist oder das Problem nicht abgedeckt ist, können Sie dennoch Reparaturdienste von autorisierten Zentren in Anspruch nehmen, es fallen jedoch Gebühren an.

Erweiterte Garantie und Versicherung

- **Erweiterte Garantie:** Einige Einzelhändler oder Drittanbieter bieten möglicherweise gegen eine zusätzliche Gebühr erweiterte Garantiepläne an, die den Schutz über den Standardgarantiezeitraum hinaus verlängern.

- **Versicherung:** Sie können auch den Abschluss einer Versicherung für Ihr Gerät in Betracht ziehen, die einen umfassenderen Schutz vor Unfallschäden, Diebstahl und anderen Risiken bietet, die nicht durch die Standardgarantie abgedeckt sind.

Überprüfen des Garantiestatus

- **Online-Tools:** Tecno bietet möglicherweise Online-Tools oder Apps wie Carlcare an, mit denen Sie den Garantiestatus Ihres Geräts durch Eingabe der Seriennummer oder IMEI überprüfen können.

- **Kundendienst:** Kontaktieren Sie Tecnoetwas darüber erfahren den Garantiestatus und die Abdeckungsdetails Ihres Geräts.

Es wird empfohlen, die Garantiebedingungen Ihres Tecno Pova 6 Pro oder die offizielle Tecno-Website für Ihre spezifische Region zu lesen. Das Aufbewahren einer Kopie Ihrer Garantieinformationen und das Verständnis der Deckung können Ihnen bei der Bewältigung von Problemen helfen, die während des Garantiezeitraums auftreten. Wenn Sie Fragen haben oder Erläuterungen zur Garantie benötigen, wenden Sie sich an den Tecno-Kundendienst.

Abschluss

Zusammenfassend lässt sich sagen, dass das Tecno Pova 6 Pro ein funktionsreiches Smartphone ist, das auf ein breites Spektrum an Benutzerbedürfnissen zugeschnitten ist, von Fotobegeisterten und Gamern bis hin zu alltäglichen Benutzern, die zuverlässige Leistung und lange Akkulaufzeit suchen.

In diesem Handbuch wurden verschiedene Aspekte des Geräts untersucht, darunter Design, Anzeige, Kamerafunktionen und Softwarefunktionen. Wir haben uns auch mit Tipps zur Maximierung der Akkuleistung, zur Verbesserung von Sicherheit und Datenschutz sowie zum Freischalten versteckter Funktionen befasst, um das Beste aus Ihrem Gerät herauszuholen.

Um die Leistung Ihres Geräts aufrechtzuerhalten und eventuell auftretende

Probleme zu lösen, ist es von entscheidender Bedeutung, dass Sie wissen, wie Sie häufig auftretende Probleme beheben und den Kundendienst kontaktieren können. Wenn Sie die Garantieinformationen Ihres Geräts kennen, stellen Sie auch sicher, dass Sie Reparatur- und Serviceoptionen nutzen können.

Das Tecno Pova 6 Pro bietet mit seiner robusten Hardware und vielseitigen Software ein umfassendes mobiles Erlebnis. Durch die Nutzung der Tipps und Erkenntnisse dieses Handbuchs können Benutzer ihre Gerätenutzung verbessern und so ein reibungsloses, effizientes und angenehmes Erlebnis mit ihrem Tecno Pova 6 Pro gewährleisten.

Unabhängig davon, ob Sie das Gerät zum Arbeiten, Spielen oder für irgendetwas dazwischen nutzen, ist das Tecno Pova 6 Pro auf Ihre Bedürfnisse zugeschnitten und somit eine überzeugende Wahl für diejenigen, die auf der Suche nach einem neuen Smartphone sind.

Anhang

Glossar der Begriffe

Damit Sie die Merkmale und Funktionen des Tecno Pova 6 Pro besser verstehen, finden Sie hier ein Glossar mit häufig verwendeten Begriffen, die in diesem Handbuch verwendet werden:

- **AMOLED (Organische Leuchtdiode mit aktiver Matrix):** Eine Art OLED-Display-Technologie, die in Smartphones für eine lebendige Farbwiedergabe und tiefe Schwarztöne verwendet wird.
- **APN (Zugangspunkt Name):** Der Name eines Gateways zwischen einem Mobilfunknetz und einem anderen Computernetzwerk, typischerweise dem öffentlichen Internet.

- **Biometrie:** Sicherheitsmethoden, die einzigartige physikalische Merkmale wie Fingerabdrücke oder Gesichtserkennung zur Identifizierung und Zugangskontrolle nutzen.
- **Bluetooth LE (Low Energy):** Eine energiesparende Variante von Bluetooth, die für die drahtlose Kommunikation über kurze Entfernungen mit geringem Energieverbrauch entwickelt wurde.
- **CPU (Zentraleinheit):** Die Hauptkomponente eines Computers oder Smartphones, die den Großteil der Verarbeitung im Gerät ausführt.
- **Dual-SIM:** Eine Funktion, die es einem Smartphone ermöglicht, zwei verschiedene SIM-Karten zu speichern und zu verwenden und so zwei Telefonnummern oder Servicepläne auf einem Gerät zu ermöglichen.
- **Schnellladung:** Technologie, die es ermöglicht, den Akku eines Geräts schneller aufzuladen als mit herkömmlichen Lademethoden.

- **GPS (Globales Positionierungssystem):** Ein satellitengestütztes Navigationssystem, das Orts- und Zeitinformationen bei allen Wetterbedingungen überall auf der Erde oder in deren Nähe bereitstellt.
- **IMEI (International Mobile Equipment Identity):** Eine eindeutige Nummer zur Identifizierung von Mobiltelefonen und einigen Satellitentelefonen.
- **LED (Leuchtdiode):** Eine Halbleiterlichtquelle, die Licht aussendet, wenn Strom durch sie fließt. Es wird in verschiedenen Smartphone-Anzeige- und Benachrichtigungssystemen verwendet.
- **NFC (Nahfeldkommunikation):** Eine Reihe von Kommunikationsprotokollen, die es zwei elektronischen Geräten, darunter normalerweise ein tragbares Gerät wie ein Smartphone, ermöglichen, eine Kommunikation herzustellen, indem sie in die Nähe gebracht werden.
- **OEM (Originalgerätehersteller):** Ein Unternehmen, das Teile und Geräte

herstellt, die ein anderer Hersteller möglicherweise vermarktet.

- **RAM (Random Access Memory):** Eine Form von Computerspeicher, auf den zufällig zugegriffen werden kann. Es wird vom Betriebssystem, von Anwendungen und Daten verwendet, um sicherzustellen, dass das Gerät effizient arbeitet.
- **Aktualisierungsrate:** Die Häufigkeit, mit der ein Display sein Bild pro Sekunde aktualisiert. Gemessen in Hertz (Hz) führt eine höhere Bildwiederholfrequenz zu einem flüssigeren Bild.
- **SIM (Subscriber Identity Module):** Eine kleine Karte, die in Mobiltelefonen verwendet wird und Daten für GSM/CDMA-Mobilfunkteilnehmer speichert.
- **USB (Universal Serial Bus):** Ein Industriestandard, der Spezifikationen für Kabelanschlüsse und Protokolle für Verbindung, Kommunikation und Stromversorgung zwischen Computern,

Peripheriegeräten und anderen Computern festlegt.
- **VoLTE (Voice over LTE):** Ein Standard für drahtlose Hochgeschwindigkeitskommunikation für Mobiltelefone und Datenterminals, einschließlich Sprachanrufen und Datenübertragung über 4G-LTE-Netzwerke.

Häufig Gestellte Fragen

Hier sind einige häufig gestellte Fragen zum Tecno Pova 6 Pro, zusammen mit ihren Antworten:

- **Q:** Wie groß ist die Akkukapazität des Tecno Pova 6 Pro und wie lange hält er?
    - **A:** Das Tecno Pova 6 Pro ist mit einem 6000-mAh-Akku ausgestattet. Die Akkulaufzeit variiert je nach Nutzung, sie ist jedoch für einen ganzen Tag bei mäßiger bis starker Nutzung ausgelegt.

- Q:Unterstützt das Tecno Pova 6 Pro Schnellladen?
  - **A:** Ja, das Tecno Pova 6 Pro unterstützt Schnellladen, sodass Sie den Akku schnell aufladen können.
- Q:Kann ich zwei SIM-Karten und eine microSD-Karte gleichzeitig verwenden?
  - **A:** Das Tecno Pova 6 Pro verfügt normalerweise über ein Dual-SIM-Setup. Abhängig vom jeweiligen Modell verfügt es möglicherweise über einen dedizierten microSD-Kartensteckplatz oder einen Hybridsteckplatz, der entweder für eine zweite SIM-Karte oder eine microSD-Karte verwendet werden kann.
- Q: Ist das Tecno Pova 6 Pro wasserdicht?
  - **A:**Das Tecno Pova 6 Pro hat keine offizielle IP-Einstufung für

Wasserbeständigkeit. Um Schäden vorzubeugen, empfiehlt es sich, das Gerät von Wasser und Feuchtigkeit fernzuhalten.

- **Q:** Welche Art von Display hat das Tecno Pova 6 Pro?
    - **A:** Das Tecno Pova 6 Pro verfügt über ein AMOLED-Display, das für seine lebendigen Farben und tiefen Schwarztöne bekannt ist.

- **Q:** Wie kann ich die Spieleleistung meines Tecno Pova 6 Pro verbessern?
    - **A:** Um die Spieleleistung zu verbessern, können Sie die Spielemodus-Funktion (falls verfügbar) verwenden, Hintergrund-Apps schließen und sicherstellen, dass die Software des Geräts für eine optimale Leistung auf dem neuesten Stand ist.

- **Q:** Was soll ich tun, wenn mein Tecno Pova 6 Pro verloren geht oder gestohlen wird?

- A:Wenn Ihr Gerät verloren geht oder gestohlen wird, können Sie es mit der Funktion „Mein Gerät suchen" orten, sperren oder seine Daten aus der Ferne löschen. Es ist wichtig, diese Funktion im Voraus einzurichten.

- Q:Wie kann ich einen Screenshot auf dem Tecno Pova 6 Pro machen?
  - A: Um einen Screenshot zu machen, halten Sie gleichzeitig die Ein-/Aus-Taste und die Leiser-Taste gedrückt. Einige Modelle bieten möglicherweise zusätzliche Methoden an, z. B. das Wischen mit drei Fingern über den Bildschirm.

- Q: Kann ich vorinstallierte Apps von meinem Tecno Pova 6 Pro entfernen?
  - A: Einige vorinstallierte Apps können deinstalliert oder deaktiviert werden. Gehen Sie dazu zu **„Einstellungen"** ->

„**Apps**", Wählen Sie die App aus, die Sie entfernen möchten, und wählen Sie „**Deinstallieren**" oder "**Deaktivieren.**"

- **Q:** Wie überprüfe ich, ob auf meinem Tecno Pova 6 Pro Software-Updates verfügbar sind?
  - **A:** Um nach Software-Updates zu suchen, gehen Sie zu „**Einstellungen**" -> „**System**" -> „**Systemaktualisierung**". Wenn ein Update verfügbar ist, befolgen Sie die Anweisungen auf dem Bildschirm, um es herunterzuladen und zu installieren.

Diese FAQs decken die häufigsten Anfragen einiger Benutzer zum Tecno Pova 6 Pro ab. Ausführlichere Informationen oder Bedenken finden Sie im Benutzerhandbuch oder wenden Sie sich an den Tecno-Kundendienst.

Über den Autor

William C. Wills ist ein renommierter Technologieexperte und Autor, dessen Leidenschaft es ist, komplexe Geräte zu entmystifizieren und Benutzern die Möglichkeit zu geben, ihr volles Potenzial auszuschöpfen. Mit seiner mehr als zwei Jahrzehnte dauernden Karriere in der Technologiebranche hat er sich als vertrauenswürdige Stimme in den Bereichen Unterhaltungselektronik und Smart-Home-Automatisierung etabliert.

William wurde im Silicon Valley, dem Epizentrum der technologischen Innovation, geboren und war schon in jungen Jahren mit der sich ständig weiterentwickelnden Welt der Gadgets und Spielereien vertraut. Dieser frühe Kontakt entfachte eine lebenslange Faszination für Technologie und den Wunsch, sie jedem zugänglich zu machen, unabhängig von seinem technischen Fachwissen.

Nach seinem Abschluss in Informatik an der Stanford University begann William eine Reise, die ihn an die Spitze der Technologiebranche führte. Er arbeitete mit führenden Unternehmen zusammen und trug dazu beiEntwicklung innovativer Produkte und Dienstleistungen, die die Art und Weise revolutionierten Wir leben und interagieren mit Technologie.

www.ingramcontent.com/pod-product-compliance
Lightning Source LLC
Chambersburg PA
CBHW052207220526
45471CB00004B/1848